U0815819

中等职业学校“十二五”规划教材

数学通用教程

张　鸽　陈冠峰　主编

同济大学出版社
TONGJI UNIVERSITY PRESS

内 容 提 要

本书符合教学改革发展方向，立足智力开发和创新思维的培养，突出与技校学生实际的适应性，为技校数学课教学提供更加实用、适用、好用的教材. 与人力资源和社会保障部颁布的通用教材相比，精简了内容，难度适宜，与专业课教学结合更加紧密. 本书内在逻辑清晰，章节分配合理，分 6 章，内容包括函数的概念，逻辑代数基础，三角函数，平面解析几何，向量与复数，导数与微分. 可供不同专业数学教学的需要选择使用. 每个章节前的引导语，使本书变得更加富有亲和力. 每节后设置适量的练习题，难易适度，便于学生复习巩固所学知识. 本书可作为普通高中、中职及中技的数学教材使用.

图书在版编目(CIP)数据

数学通用教程 / 张鸽，陈冠峰主编. -- 上海：同济大学出版社，2013.8

ISBN 978-7-5608-5248-5

Ⅰ. ①数… Ⅱ. ①张… ②陈… Ⅲ. ①数学课—技工学校—教材 Ⅳ. ①G634.601

中国版本图书馆 CIP 数据核字(2013)第 179758 号

中等职业学校"十二五"规划教材

数学通用教程

张 鸽 陈冠峰 主编

责任编辑 陈佳蔚 **责任校对** 徐春莲 **封面设计** 潘向蓁

出版发行 同济大学出版社 www.tongjipress.com.cn

(地址：上海市四平路 1239 号 邮编：200092 电话：021-65985622)

经 销 全国各地新华书店

印 刷 同济大学印刷厂

开 本 787 mm×960 mm 1/16

印 张 9.5

印 数 1—3 100

字 数 190 000

版 次 2013 年 8 月第 1 版 2013 年 8 月第 1 次印刷

书 号 ISBN 978-7-5608-5248-5

定 价 23.00 元

前　　言

《数学通用教程》是根据技校学生的实际情况自编的校本教材，由数学高级讲师张鸽任主编，数学讲师陈冠峰任副主编. 张鸽老师从事技校数学教学工作近30年，有着深厚的专业知识和丰富的教学经验，尤其对技校学生的数学基础和学习特点有着准确的了解和把握. 陈冠峰是一位颇具创新精神的年轻老师，走上讲台后便致力于数学课教学方法的改革，面对学习基础差异较大的学生，做到了讲课深入浅出，使课堂教学充满活力.

本书在编写过程中，参考了现行普通高中、中职及中技的数学课教学大纲，立足智力开发和创新思维的培养，突出与技校学生实际的适应性，精简了内容，降低了难度，与专业课教学结合更加紧密. 本书内在逻辑清晰，章节分配合理，可供不同专业的教学需要选择使用. 每个章节前的引导语，使数学教材变得更加富有亲和力. 每节后设置适量的练习题，难易适度，便于学生复习巩固所学知识.

由于编写匆忙，书中可能存在诸多的问题和不足，欢迎大家批评指正.

编　　者

2013年7月

目　　录

第一章　函数的概念

函数一语，最早见于1692年德国数学家莱布尼兹的著作. 1718年，约翰·伯努利(Johann Bernoulli)把函数定义为"一个变量的函数是指由这个变量和常量以任何一种方式组成的一种量."记号 $f(x)$ 则是由数学家欧拉(Leonhard Euler)于1724年首次使用的. 1775年，欧拉在《微分学原理》一书中又提出了函数的定义："如果某些量以如下方式依赖于另一些量，即当后者变化时，前者本身也发生变化，则称前一些量是后一些量的函数."我国引进函数概念，首见于1859年清代数学家李善兰(1811—1882)的译作.

函数的应用十分广泛，在机械专业的学习上，我们充分利用函数的单调性，对称性，奇偶性，把现实生活中的问题上升到数学问题，通过数学知识建立合适的模型，从而达到解决实际问题的目的.

本章主要讲解函数的基本概念及性质，以及三个基本的函数：指数函数、对数函数和幂函数的概念和性质.

§1.1 函数的概念和性质

一、函数的概念

1. 函数的概念

设 x，y 是两个变量，若对于某个特定范围内的每一个 x 值，按照某种关系式(对应法则) f，都有唯一的 y 值与之相对应，则称 y 是 x 的函数，其中 x 是自变量，自变量 x 的取值范围称为函数的定义域，与 x 对应的 y 的值称为函数值，函数值的全体称为函数的值域.

2. 函数的记法

一般情况下，y 是 x 的函数可以记作 $y=f(x)$. 需要说明的是：

(1) 函数的记法 $y=f(x)$ 的含义是：x 是自变量，y 是自变量 x 的函数(也称因变量)，f 是函数 y 与 x 之间的对应法则；

(2) 一个函数式由函数关系式、自变量、因变量三部分组成，并且由函数的定义域和函数关系式可以确定函数的值域；

(3) 当自变量 x 在定义域内取值 a 时，对应的函数值记作 $y=f(a)$；

(4) 函数可以用其他不同的符号表示，如 $g(x)$，$h(x)$ 等.

3. 函数的表示方法

表示函数的方法主要有三种：解析法、列表法和图像法.

(1) 解析法. 用一个等式来表示函数两个变量的方法称为解析法. 例如, $y=2x^2+1$, $y=\sin x+3x$ 等都是用解析法表示的函数.

(2) 列表法. 用表格的形式来表示两个变量之间函数关系的方法称为列表法. 例如,李飞 2012 年度的工资情况如下表所示.

月份	1	2	3	4	5	6	7	8	9	10	11	12
工资	3 000	3 100	3 020	3 310	2 980	2 870	2 985	3 200	3 150	3 000	3 300	3 120

上表中,月份和工资是两个变量,并列出了不同月份对应的工资,这就是将函数用列表法描述的情况.

(3) 图像法. 用图像来表示两个变量之间函数关系的方法称为图像法. 例如,一次函数,二次函数在坐标系中的图像分别为一条直线和一条抛物线.

二、函数的性质

1. 奇偶性

定义 设函数 $y=f(x)$ 在定义域范围内有

$$f(-x)=f(x)$$

恒成立,则称函数 $y=f(x)$ 在定义域内为偶函数.

同样,若函数 $y=f(x)$ 在定义域范围内有

$$f(-x)=-f(x)$$

恒成立,则称函数 $y=f(x)$ 在定义域内为奇函数.

如果上面两种形式都不成立,则称函数为非奇非偶函数.

例如，函数 $f(x)=x^2$ 在实数范围内是偶函数，因为 $f(-x)=(-x)^2=x^2=f(x)$，满足偶函数定义；而对于函数 $f(x)=x^3$ 在定义域范围内就是奇函数，因为 $f(-x)=(-x)^3=-x^3=-f(x)$.

偶函数的图像关于 y 轴对称，因为若函数 $y=f(x)$ 是偶函数，则 $f(-x)=f(x)$，此时，若点 $(x, f(x))$ 是图像上的点，则与它关于 y 轴对称的点 $(-x, f(x))$ 也是图像上的点；

奇函数的图像关于原点对称，因为若函数 $y=f(x)$ 是奇函数，则 $f(-x)=-f(x)$，此时，若点 $(x, f(x))$ 是图像上的点，则与它关于原点对称的点 $(-x, -f(x))$ 也是图像上的点.

2. 单调性

设函数 $y=f(x)$ 的定义域为 D，区间 $I\subset D$，若对于区间 I 上的任意两点 x_1 及 x_2，当 $x_1<x_2$ 时，恒有

$$f(x_1)<f(x_2),$$

则称函数 $y=f(x)$ 在区间 I 上是单调递增的，函数在这个区间上称为增函数，这个区间 I 称为函数的单调递增区间；若恒有

$$f(x_1)>f(x_2),$$

则称函数 $y=f(x)$ 在区间 I 上是单调递减的，函数在这个区间上称为减函数，这个区间 I 称为函数的单调递减区间.

单调递增函数和单调递减函数统称为单调函数.

例如，函数 $f(x)=x^2$ 的定义域为 $\mathbf{R}$，在区间 $(-\infty, 0]$ 单调递减，而在区间 $[0, +\infty)$ 上单调递增；但在整个定义域 $\mathbf{R}$ 上，函数 $f(x)=x^2$ 不是单调的.

3. 周期性

设函数 $y=f(x)$ 的定义域为 D，若存在一个不为零的实数 t，使得对于任一 $x\in D$，有 $(x+t)\in D$，且函数

$$f(x+t)=f(x)$$

恒成立，则称函数 $y=f(x)$ 为周期函数，t 为函数的周期.

由函数的周期性的定义我们可得，一个周期函数的周期有无数个，通常情况下如果没有特别说明，我们所说的周期一般是指最小正周期. 如函数 $y=\sin x$，$y=\cos x$ 都是以 2π 为周期的周期函数.

例 1 设函数 $y=f(x)=2x^2+1$.（1）求 $f(0)$，$f(2)$，$f(2a-1)$ 的值；(2)判断函数在定义域 $\mathbf{R}$ 上的奇偶性；(3)判断函数在 $(-\infty, 0)$ 内的单调性.

解 (1) 因为 $f(x)=2x^2+1$，

所以 当 $x=0$，$x=2$，$x=2a-1$ 时，

$$f(0)=2\times 0^2+1=1;$$

$$f(2)=2\times 2^2+1=9;$$

$$f(2a-1)=2\times(2a-1)^2+1=8a^2-8a+3.$$

(2) 由函数奇偶性的定义可得

$$f(-x)=2\,(-x)^2+1=2x^2+1=f(x),$$

所以，函数在定义域 $\mathbf{R}$ 上为偶函数.

(3) 由函数单调性的定义可得：在 $(-\infty, 0)$ 内任取两点 x_1 及 x_2，当 $x_1<x_2$ 时，代入函数表达式

$$f(x_2)-f(x_1)=2x_2^2-2x_1^2=2(x_2+x_1)(x_2-x_1).$$

因为　$x_1 < x_2 < 0$,

所以　$x_2 + x_1 < 0$, $x_2 - x_1 > 0$,

$f(x_2) - f(x_1) < 0$,

即　$f(x_1) > f(x_2)$.

因此函数在 $(-\infty, 0)$ 内单调递减.

例 2　求下列函数的定义域.

(1) $y = \sqrt{2x^2 - 1}$;　　(2) $y = \dfrac{\sqrt{2x+1}}{3x-4}$.

解　(1) 要使函数有意义,须

$$2x^2 - 1 \geqslant 0.$$

解不等式,得

$$x \geqslant \frac{\sqrt{2}}{2} \quad 或 \quad x \leqslant -\frac{\sqrt{2}}{2},$$

即函数 $y = \sqrt{2x^2 - 1}$ 的定义域为

$$x \geqslant \frac{\sqrt{2}}{2} \quad 或 \quad x \leqslant -\frac{\sqrt{2}}{2}.$$

(2) 要使函数有意义,须

$$\begin{cases} 2x + 1 \geqslant 0, \\ 3x - 4 \neq 0. \end{cases}$$

解之得

$$\begin{cases} x \geqslant -\dfrac{1}{2}, \\ x \neq \dfrac{4}{3}, \end{cases}$$

即函数 $y=\frac{\sqrt{2x+1}}{3x-4}$ 的定义域为

$$\left\{x \middle| x \geqslant -\frac{1}{2}\text{ 且 } x \neq \frac{4}{3}\right\}.$$

由例 2 我们可以看出，求函数的定义域，一般情况下只要使函数满足式子成立时 x 的取值范围即可. 在现实生活中，我们求定义域还要在满足函数有意义的前提下，特别注意其现实意义，在这两种情况下求出的定义域才符合实际.

例 3　一圆柱形容器，要在里面注水，已知容器的底面半径为 10 cm，容器高为 30 cm，设水的体积为 V cm^3，写出水的体积 V 与水桶中水面高度 h 的函数关系式，并求出函数的定义域与值域.

解　由圆柱的体积公式可得，V 与水桶中水面高度 h 的函数关系式为

$$V=\pi r^2 h=100\pi h.$$

在这里，V 为函数的因变量，它的取值范围即为函数的值域；h 为函数的自变量，它的取值范围为函数的定义域.

而对于函数 $V=100\pi h$ 来说，在考虑现实情况下，水面的高度不能高于容器的高度，所以，h 的取值范围，也即函数的定义域为

$$0 \leqslant h \leqslant 30.$$

同样，对应函数的值域 V 的取值范围，也在零和容器容积范围之内，即函数的值域为

$$0 \leqslant V \leqslant 3\,000\pi.$$

课堂练习

1. 求下列函数的定义域.

(1) $y=\sqrt{x^2-4}$；　　(2) $y=\dfrac{2x+1}{\sqrt{3x-6}}$；

(3) $y=\dfrac{1}{1-x^2}+\sqrt{x+2}$.

2. 设 $f(x)=\sqrt{4-x^2}$，求 $f(0)$，$f(1)$，$f(-1)$，$f\left(\dfrac{1}{a}\right)$ 的函数值.

3. 判断下列函数哪些是偶函数？哪些是奇函数？哪些是非奇非偶函数？

(1) $y=x(1-x^2)$；　　(2) $y=\dfrac{1-x^2}{1+x^2}$；

(3) $y=x^3-2x$；　　(4) $y=3^x+3^{-x}$.

4. 判断函数 $y=2x^2+5$ 在区间 $(-\infty,-2]$ 内的单调性.

5. 一半径为 r，高度为 h 的圆柱形钢件，要加工成一个底面与圆柱底面重合的圆锥形工件，试写出圆锥的体积 V 与高度 h 的函数表达式，并说明函数的定义域和值域.

§1.2 指数的运算与指数函数

一、指数运算

1. 根式

定义 若 $x^n=a$（n 是大于 1 的整数），则称 x 为 a 的 n 次方根.

当 n 为奇数时，正数的 n 次方根是正数；负数的 n 次方根是负数，都表示为 $\sqrt[n]{a}$. 特别地，零的 n 次方根是零；负数没有偶次方根. 这样，形如 $\sqrt[n]{a}$ 的式子就称为根式，其中 n 称为根指数，a 称为被开方数.

根式的性质：

(1) $(\sqrt[n]{a})^n=a$ （n 是大于 1 的整数）；

(2) $(\sqrt[n]{a})^n=\begin{cases} a & (n\text{ 为奇数}), \\ |a| & (n\text{ 为偶数}). \end{cases}$

2. 分数指数幂

以前我们已经学习过整数指数幂的运算法则，如果把根式变化成指数形式，就会使运算更加简便，为了化简方便，我们进行如下规定：

设 $a>0$, m, n 是正整数，$\dfrac{m}{n}$ 是既约分数，则

(1) 正分数指数幂：$\sqrt[n]{a^m}=a^{\frac{m}{n}}$；

(2) 负分数指数幂：$\frac{1}{\sqrt[n]{a^m}}=a^{-\frac{m}{n}}$；

(3) 零的正分数指数幂为零，零的负分数指数幂无意义.

二、指数函数

定义 形如 $y=a^x(a>0$，且 $a\neq1)$ 的函数称为指数函数. 如 $y=2^x$ 就是一个指数函数.

1. 指数函数的图像

我们以 $y=2^x$ 和 $y=\left(\frac{1}{2}\right)^x$ 为例，研究指数函数的图像和性质.

在同一坐标系内作出函数 $y=2^x$ 和 $y=\left(\frac{1}{2}\right)^x$ 的图像.

列表：

x	-2	-1	0	1	2	…
$y=2^x$	$\frac{1}{4}$	$\frac{1}{2}$	1	2	4	…
$y=\left(\frac{1}{2}\right)^x$	4	2	1	$\frac{1}{2}$	$\frac{1}{4}$	…

描点、连线：

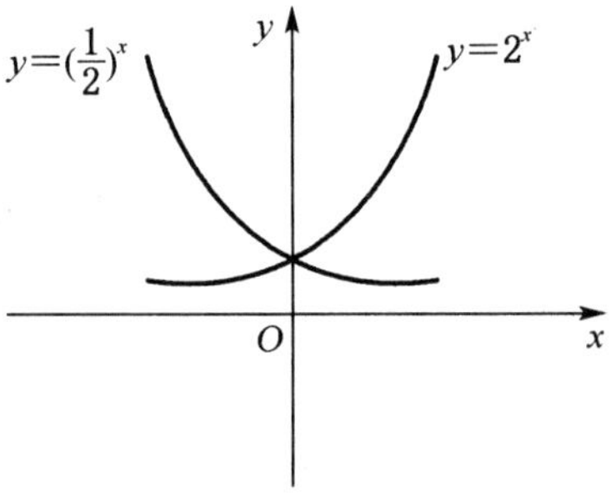

2. 指数函数的性质

由上面函数的图像我们可以得出指数函数 $y=a^x(a>0$ 且 $a\neq 1)$ 的性质：

(1) 定义域为 $x\in\mathbf{R}$；

(2) 值域为 $y>0$；

(3) 过定点(0，1)；

(4) 当 $a>1$ 时，函数单调递增；当 $0<a<1$ 时，函数单调递减.

例 1 比较下列两组实数的大小.

(1) 0.5^3 与 $0.5^{3.5}$；(2) $3^{2.5}$ 与 $3^{3.5}$；

(3) $5^{\frac{1}{2}}$ 与 $\left(\frac{1}{2}\right)^5$；(4) $\sqrt[3]{5}$ 与 $5^{\frac{1}{2}}$.

解 (1) 由指数函数的性质可得：当 $0<a<1$ 时，函数 $y=a^x$ 单调递减.

因此，函数 $y=0.5^x$ 为单调递减函数.

又因为 $3<3.5$，

所以 $0.5^3>0.5^{3.5}$.

(2) 由指数函数的性质可得：当 $a>1$ 时，函数 $y=a^x$ 单调递增.

因此，函数 $y=3^x$ 为单调递增函数.

又因为 $2.5<3.5$，

所以 $3^{2.5}<3^{3.5}$.

(3) 因为 $5^{\frac{1}{2}}>5^0=1$，$\left(\frac{1}{2}\right)^5<\left(\frac{1}{2}\right)^0=1$，

所以 $5^{\frac{1}{2}}>\left(\frac{1}{2}\right)^5$.

(4) 因为 $\sqrt[3]{5}=5^{\frac{1}{3}}$，

所以,由指数函数的性质得

$$5^{\frac{1}{3}} < 5^{\frac{1}{2}},$$

即

$$\sqrt[3]{5} < 5^{\frac{1}{2}}.$$

例 2 学校新进一台价值 100 万元的新机床,按每年 7%的折旧率来计算,问 10 年后这台机床还值多少万元?(精确到 0.01 万元)

解 设第 x 年后这台机床还值 y 万元,则由题意可得

$$y = 100\,(1-7\%)^x.$$

当 $x=10$ 时,代入上式可得

$$y = 100\,(1-7\%)^{10} \approx 52.04(\text{万元}).$$

答:经过 10 年后这台机床还值约 52.04 万元.

课堂练习

1. 把下列根式化为指数幂的形式.

(1) $\sqrt[3]{(2a-3)^4}$;　　(2) $\dfrac{3}{\sqrt[5]{5x-2}}$.

2. 计算下列有理指数幂的值.

(1) $(-32)^{\frac{2}{5}}$;　　(2) $0.000\,01^{0.4}$.

3. 利用指数函数的性质比较大小.

(1) 0.5^3 与 $2^{\frac{1}{2}}$;　　(2) 2^{-3} 与 2^{-5}.

4. 某企业生产一种零件,每月要消耗掉 10 吨原材料,现在进

行技术革新,使得消耗原材料以每月 5%的速度递减. 试建立耗材与所经月份数的函数关系式,并求出 10 个月后,生产这种零件的消耗量.(精确到 0.01)

§1.3 对数的运算与对数函数

一、对数的概念及性质

1. 对数的概念

若 $a^b = N$ ($a > 0$ 且 $a \neq 1$)，则称 b 是以 a 为底 N 的对数，记作

$$b = \log_a N \quad (a > 0 \text{ 且 } a \neq 1).$$

其中，a 称为底数(简称底)，N 称为真数.

2. 对数的性质

我们根据对数的概念，可以把指数运算性质改写为对数的形式，由此我们可以得到以下结论：

设 $a > 0$ 且 $a \neq 1$，$M, N > 0$，p, q 为任意不为零的实数，则对数的性质：

(1) $\log_a(MN) = \log_a M + \log_a N$；

(2) $\log_a\left(\dfrac{M}{N}\right) = \log_a M - \log_a N$；

(3) $\log_a M^p = p\log_a M$；

(4) $\log_{a^p} M^q = \dfrac{q}{p}\log_a M$.

由于同底的幂相乘，无论多少个因数，都是把指数相加，所以

性质(1)可以推广到多于两个的因数之积的情形：

$$\log_a(M_1M_2\cdots M_n)=\log_a M_1+\log_a M_2+\cdots+\log_a M_n.$$

二、对数函数

定义 形如 $y=\log_a x$ $(a>0$ 且 $a\neq 1)$ 形式的函数就称为对数函数.

因为指数函数和对数函数互为反函数，而互为反函数的两个函数的定义域和值域是互为对应关系，所以指数函数的定义域就是对数函数的值域；指数函数的值域就是对数函数的定义域.

而对指数函数而言，它的定义域为 **R**，值域为 $(0,+\infty)$，所以对数函数的定义域为 $(0,+\infty)$，值域为 **R**.

1. 对数函数的图像

由于指数函数和对数函数互为反函数，所以，对数函数 $y=\log_a x$ 和指数函数 $y=a^x$ 的图像就是关于直线 $y=x$ 对称的图形. 与指数函数类似，对数函数我们也分为 $a>1$ 和 $0<a<1$ 两种类型来讨论.

我们以 $y=\log_2 x$ 和 $y=\log_{\frac{1}{2}} x$ 为例，研究指数函数的图像和性质.

在同一坐标系内作出函数 $y=\log_2 x$ 和 $y=\log_{\frac{1}{2}} x$ 的图像.

列表：

x	$\frac{1}{4}$	$\frac{1}{2}$	1	2	4	…
$y=\log_2 x$	-2	-1	0	1	2	…
$y=\log_{\frac{1}{2}} x$	2	1	0	-1	-2	…

描点、连线：

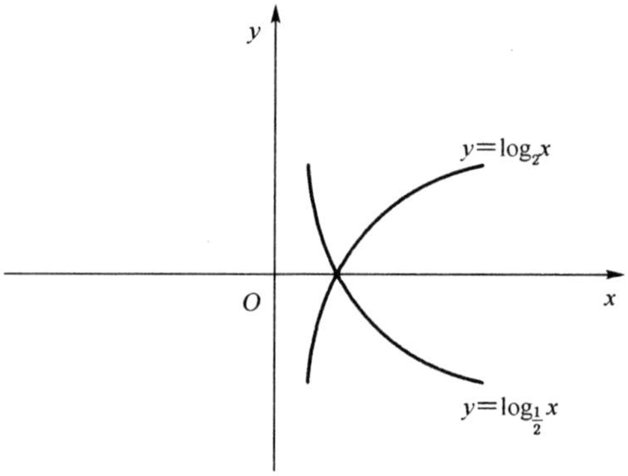

2. 对数函数的性质

由上面对数函数的图像我们可以得出对数函数 $y = \log_a x$ $(a>0$ 且 $a \neq 1)$ 的性质：

(1) 定义域为 $x>0$；

(2) 值域为 **R**；

(3) 过定点(1, 0)；

(4) 当 $a>1$ 时，函数单调递增；当 $0<a<1$ 函数单调递减.

三、对数的运算

1. 对数运算法则

设 $a>0$ 且 $a \neq 1$，M, N 为正数，则有：

(1) $\log_a(MN) = \log_a M + \log_a N$；

(2) $\log_a\left(\frac{M}{N}\right) = \log_a M - \log_a N$；

(3) $\log_a M^p = p\log_a M$；

(4) $\log_{a^q} M^p = \frac{p}{q}\log_a M$.

2. 两个特殊对数

(1) 以 10 为底的对数称为常用对数，通常记作 $\lg M$；

(2) 以无理数 $e \approx 2.71828$ 为底的对数称为自然对数，记作 $\ln M$.

3. 换底公式

在实际运算中，为了运算方便，我们常常把对数函数换为自然对数或者常用对数来计算. 下面介绍对数的换底公式.

设 a、$b > 0$ 且 a、$b \neq 1$，M 为正数，则有

$$\log_a M = \frac{\log_b M}{\log_b a} = \frac{\lg M}{\lg a} = \frac{\ln M}{\ln a}.$$

例 1 求下列对数函数值.

(1) $\log_3(9 \times 27)$； (2) $\ln\frac{3}{2} + \ln\frac{2}{5} + \ln\frac{5}{3}$；

(3) $4\lg 2 + \lg 5 + \lg 125$.

解 (1) $\log_3(9\times 27) = \log_3(3^2 \times 3^3) = \log_3 3^5 = 5\log_3 3 = 5$.

(2) 由对数的运算法则，可得

$$\ln\frac{3}{2} + \ln\frac{2}{5} + \ln\frac{5}{3} = \ln\left(\frac{3}{2}\times\frac{2}{5}\times\frac{5}{3}\right) = \ln 1 = 0.$$

(3)
$$\begin{aligned} 4\lg 2 + \lg 5 + \lg 125 &= \lg 2^4 + \lg 5 + \lg 5^3 = \lg(2^4 \times 5 \times 5^3) \\ &= \lg 10^4 = 4\lg 10 = 4. \end{aligned}$$

例 2 比较下面各组数的大小.

(1) $\log_2 0.8$ 与 $\log_2 0.9$； (2) $\log_2 0.5$ 与 $\log_{0.5} 4$.

解 (1) 因为对数函数 $y = \log_2 x$ 为单调递增函数，

又因为 $0.8 < 0.9$，

所以　$\log_2 0.8 < \log_2 0.9$.

(2) 因为　$\log_2 0.5 = \log_2 \dfrac{1}{2} = \log_2 2^{-1} = -\log_2 2 = -1$,

$$\log_{0.5} 4 = \log_{\frac{1}{2}} 2^2 = -2\log_2 2 = -2.$$

所以　$\log_2 0.5 > \log_{0.5} 4$.

课堂练习

1. 把下列指数式换算成对数式.

(1) $3^x = 6$;　　(2) $10^x = 9$;

(3) $e^x = 8$;　　(4) $0.8^x = 7$.

2. 比较下列对数的大小.

(1) $\log_4 0.8$ 与 $\log_4 0.9$;　　(2) $\log_{0.5} 0.8$ 与 $\log_{0.5} 0.9$.

3. 利用函数单调性的定义判断下列函数在定义域内的单调性.

(1) $y = \log_2 x$;　　(2) $y = \log_{0.8} x$.

§1.4 幂函数

一、幂函数的概念

定义 一般地,形如 $y=x^a$（a 为常数)的函数,即以底数 x 为自变量,幂 y 为因变量,指数 a 为常量的函数称为幂函数.

幂函数 $y=x^a(a\in\mathbf{R})$ 的定义域要根据 a 的取值情况来确定,如:

$y=x^3$, $y=x^4$, $y=x^5$ 等的定义域为 $\mathbf{R}$;

$y=x^{\frac{1}{2}}=\sqrt{x}$, $y=x^{\frac{1}{4}}=\sqrt[4]{x}$ 的定义域为 $x\geqslant 0$;

$y=x^{-2}=\dfrac{1}{x^2}$ 定义域为 $x\neq 0$;

$y=x^{-\frac{1}{2}}=\dfrac{1}{\sqrt{x}}$ 的定义域为 $x>0$.

归纳来说,有以下规律:

(1) 当 a 为大于等于 1 的整数时,函数的定义域为 $\mathbf{R}$;

(2) 当 a 为小于零的整数时,函数的定义域为 $x\neq 0$;

(3) 当 a 为大于零的分数时,若分母为偶数,函数的定义域为大于等于零的全体实数;若分母为奇数,函数的定义域为 $\mathbf{R}$;

(4) 当 a 为小于零的分数时,若分母为偶数,函数的定义域为大于零的全体实数;若分母为奇数,函数的定义域为不等于零的全体实数.

1. 幂函数的图像

以 $a=1$, $a=2$, $a=3$, $a=\frac{1}{2}$, $a=\frac{1}{3}$, $a=-1$, $a=-2$, $a=-\frac{1}{2}$ 为例,在同一直角坐标系中,我们用描点法可作出 $y=x$, $y=x^2$ 和 $y=x^3$ 的图像(如下图);再利用函数的对称性就可以作出 $y=x^{\frac{1}{2}}$, $y=x^{\frac{1}{3}}$ 的图像.

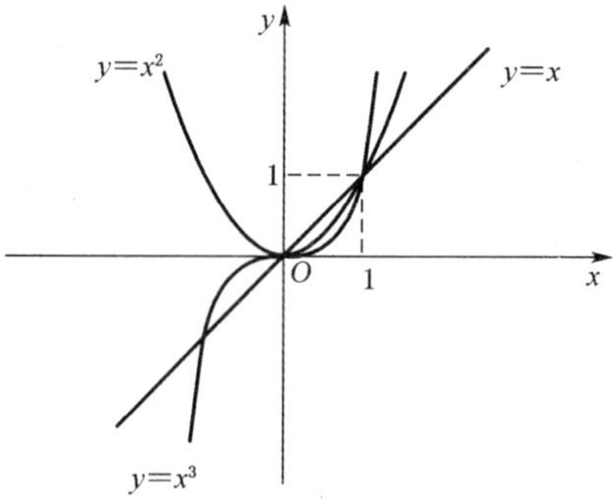

2. 幂函数的性质

由上面幂函数的图像我们可以得出幂函数的性质:

(1) 所有的图形都通过(1, 1)这点;

(2) 当 $a>0$ 时,幂函数为单调递增;当 $a<0$ 时,幂函数为单调递减;

(3) 当 $a>1$ 时,幂函数图形下凹;当 $0<a<1$ 时,幂函数图形上凸;

(4) 当 $a<0$ 时,a 越小,图形倾斜程度越大;

(5) $a>0$, 函数过点(0, 0); $a<0$, 函数不过点(0, 0);

(6) 显然幂函数无界.

例 1 比较下列各组中两个值的大小.

(1) $2^{1.8}$ 与 $3^{1.8}$；　　(2) $1.3^{-\frac{1}{2}}$ 与 $1.5^{-\frac{1}{2}}$.

解　(1) 因为幂函数 $y=x^{1.8}$ 在 $(0,+\infty)$ 内为单调递增函数,且 $2<3$,

所以有 $$2^{1.8}<3^{1.8}.$$

(2) 因为幂函数 $y=x^{-\frac{1}{2}}$ 在 $(0,+\infty)$ 内为单调递减函数,且 $1.3<1.5$,

所以有 $$1.3^{-\frac{1}{2}}>1.5^{-\frac{1}{2}}.$$

例 2　求下列函数的定义域.

(1) $y=x^{-\frac{1}{2}}$；　　(2) $y=(2x-1)^{\frac{1}{4}}$.

解　(1) 因为 $y=x^{-\frac{1}{2}}=\dfrac{1}{\sqrt{x}}$, 要使函数有意义,须

$$x>0,$$

所以函数的定义域为 $x>0$.

(2) 因为 $y=(2x-1)^{\frac{1}{4}}=\sqrt[4]{2x-1}$, 要使函数有意义,须

$$2x-1\geqslant 0,$$

即 $$x\geqslant\frac{1}{2},$$

所以函数的定义域为 $$x\geqslant\frac{1}{2}.$$

课堂练习

1. 已知函数 $f(x)=x^3-5$, 求 $f(0)$, $f(1)$.

2. 比较大小.

(1) $3^{0.8}$ 与 $4^{0.8}$；　　(2) $(\sqrt{3})^{0.8}$ 与 $(\sqrt{5})^{0.8}$.

3. 求函数的定义域.

(1) $y=(3x+5)^{0.5}$；　　(2) $y=(2x+1)^{-\frac{2}{3}}$.

4. 作出下列函数的图像.

(1) $y=x^{\frac{1}{2}}$；　　(2) $y=x^{-\frac{1}{3}}$.

第二章　逻辑代数基础

逻辑代数(switching algebra 交换代数),也叫做开关代数,起源于英国数学家乔治·布尔(George Boole)于1849年创立的布尔代数,是数字电路设计理论中的数字逻辑科目的重要组成部分.

逻辑函数是数字电路的特点及描述工具,输入、输出量是高、低电平,可以用二元常量(0, 1)来表示,输入量和输出量之间的关系是一种逻辑上的因果关系以及依据这些关系进行的布尔逻辑的推理,可用代数运算表示出来,仿效普通函数的概念,这种代数称为逻辑代数.数字电路就是用逻辑函数的数学工具来描述的,也就是说数字电路是逻辑代数的具体应用形式.

本章我们主要通过介绍计数制和码制、逻辑函数表示方法,以及逻辑代数的化简等知识点,向学习电工方面知识的学生简要介绍一点数字与逻辑电路方面的基本知识.

§2.1 计数制与码制

我国在古代的“十六两秤”，也就是我们通常所说的“半斤八两”，其中所使用的便是十六进制. 另外，在度量角度时，通常采用“度、分、秒”制，其中度、分、秒之间是六十进制. 在计算机中经常使用的二进制和八进制，以及我们经常使用的十进制，它们之间虽然各有不同，但却有许多共同的特点，并且它们之间也可以相互转化.

一、计数制

计数制也称作数制，是用一组固定的符号和统一的规则来表示数值的方法. 在日常生活中，我们经常用到的是十进制，其他的在现实生活中遇到的还有二进制、八进制、十六进制. 下面我们将简单介绍一下计数制.

1. 计数制的三个要素

不同的计数制都有类似的特点，即进位计数制的三个要素：数码、基数和位权.

(1) 数码. 是指计数制中表示数值大小的不同数字符号. 例如，十进制中有 10 个数码：0，1，2，3，4，5，6，7，8，9；二进制中有 2 个数码：0 和 1；八进制中有 8 个数码：0，1，2，3，4，5，6，7.

(2) 基数. 是指数制中所使用数码的个数. 例如，二进制的基数为 2；十进制的基数为 10.

(3) 位权. 是指数制中某个位上的 1 所表示数值的大小(所处位置的价值). 例如，十进制中的 123，1 的权位是 100，2 的权位是 10，3 的权位是 1.

二进制、八进制、十进制和十六进制的三个要素描述如下表：

进制	表示符号	数码符号	进位规律	基数
二进制	B	0，1	逢二进一	2
八进制	O	0，1，2，3，4，5，6，7	逢八进一	8
十进制	D	0，1，2，3，4，5，6，7，8，9	逢十进一	10
十六进制	H	0，1，2，3，4，5，6，7，8，9，A，B，C，D，E，F	逢十六进一	16

2. 进制的记法

为了区别各种不同进位制的数，在每个数的右下角加注一个数字(或英文字母)下标来表示相应的数制. 例如，

二进制数：$(100.01)_2$，$(1011.11)_B$；

八进制数：$(13.75)_8$，$(20.675)_O$；

十进制数：$(561.2)_{10}$，$(468.02)_D$；

十六进制数：$(98501.24)_{16}$，$(32004.89)_H$.

二、进制间的转换

十进制数是我们现实生活中最常用的数制，对任何一个十进制数来说，它的位数都可以由 10^i 来确定. 例如，

$$(125.25)_{10}=1\times10^2+2\times10^1+5\times10^0+2\times10^{-1}+5\times10^{-2}.$$

此时称 10^i 为十进制的权，上面的表达式称为十进制的按权展开式.

与十进制类似，其他三种进制也可以按权展开，只要按进制权位展开，然后各项相加，就可以得到对应的进制数.

1. 十进制转换为其他进制

将十进制转换为其他进制，需要对整数部分和小数部分分别进行转化.

整数部分：采用基数除法，即“除 N（N 为要转换的进制基数）取余法”，直至除到商为零为止，然后将所得到的余数以最后一个余数为最高位，依次排列便可得到相应的进制数.

小数部分：采用基数乘法，即把要转换数的小数部分乘以新进制的基数，把整数部分作为新进制小数部分的次高位；继续上一步，直到小数部分为零或达到所要求的精度为止.

2. 其他进制转化为十进制

其他进制转化为十进制，只要将其他进制按权位展开，然后各项相加，就能得到相应的十进制数.

例 1 把下列各数按权位展开.

(1) $(10010.011)_2$；　　(2) $(305.25)_{10}$；

(3) $(635)_8$；　　(4) $(2B3)_{16}$.

解 (1) $(10010.01)_2=1\times2^4+0\times2^3+0\times2^2+1\times2^1+0\times2^0+0\times2^{-1}+1\times2^{-2}$.

(2) $(305.25)_{10}=3\times10^2+0\times10^1+5\times10^0+2\times10^{-1}+5\times10^{-2}$.

(3) $(635)_8 = 6 \times 8^2 + 3 \times 8^1 + 5 \times 8^0$.

(4) $(2B3)_{16} = 2 \times 16^2 + 11 \times 16^1 + 3 \times 16^0$.

例 2 把下列十进制数写成其他形式.

(1) $(25)_{10} = (x)_2$；　　(2) $(185)_{10} = (x)_8$；

(3) $(3\ 981)_{10} = (x)_{16}$.

解 (1) 解题过程可采用表格形式：

除式	商数	余数	位数
$\frac{25}{2}$	12	1	最低位
$\frac{12}{2}$	6	0	
$\frac{6}{2}$	3	0	
$\frac{3}{2}$	1	1	
$\frac{1}{2}$	0	1	最高位

所以，$(25)_{10} = (11001)_2$.

(2) 解题过程可写成表格形式：

除式	商数	余数	位数
$\frac{185}{8}$	23	1	最低位
$\frac{23}{8}$	2	7	
$\frac{2}{8}$	0	2	最高位

所以，$(185)_{10} = (271)_8$.

(3) 解题过程可写成表格形式：

除式	商数	余数	位数
$\frac{3\,981}{16}$	248	13	最低位
$\frac{248}{16}$	15	8	
15	0	15	最高位

所以，$(3\,981)_{10}=(\mathrm{F8D})_{16}$.

课堂练习

1. 将下列各式转换为十进制数.

(1) $(101101.011)_2$；　(2) $(359)_8$；　(3) $(\mathrm{8CF6})_{16}$.

2. 将 $(10110011.01101)_2$ 分别转化为十进制、八进制和十六进制.

3. 将 $(1358)_{10}$ 分别转化为二进制、八进制、十六进制.

§2.2 逻辑函数及其表示方法

逻辑是指事物因果之间所遵循的规律，逻辑代数采用逻辑变量和一套运算符组成逻辑函数表达式来描述事物的因果关系. 它是分析和设计数字系统的数学基础. 逻辑代数表示的不是数与数之间的大小关系，而是逻辑关系，在二值逻辑中它仅有两种相反的状态，我们用符号“0”和“1”表示，它们和普通的 0 和 1 不同，没有数量的含义，只是代表两种相反的状态. 如开关的连接和断开，我们把一个变量只能用两个不同的逻辑值表示的变量称为逻辑变量，这样的函数称为逻辑函数.

一、基本逻辑运算

逻辑代数中有逻辑加、逻辑乘、逻辑非三种基本的逻辑运算，分别对应着“或”、“与”、“非”三种基本逻辑关系.

1. 逻辑加（“或”运算）

设 A, B 是任意两个逻辑变量，A, B 的逻辑加确定另一个逻辑变量 C. C 的逻辑值规定如下：当 A 为 1 或 B 为 1（包括 A, B 同时为 1）时，C 为 1；其他情况时，C 为 0，此时 C 叫作 A, B 的逻辑加. 逻辑加也称“或”运算，运算符号位“+”，两变量的“或”运算的关系表示为

$$C = A + B,$$

读作"C 等于 A 或 B".

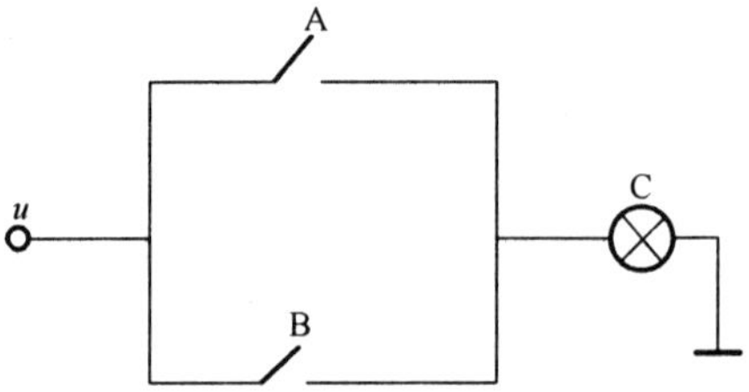

例如，如图所示电路中，开关 A 和 B 并联控制灯 C，假定开关断开和灯灭用"0"表示，开关闭合和灯亮用"1"表示，则灯 C 与开关 A、B 的关系如下表：

A	B	C
0	0	0
0	1	1
1	0	1
1	1	1

由此，可得出"或"运算的法则为

$$0+0=0,\quad 0+1=1,\quad 1+0=1,\quad 1+1=1.$$

类似地，我们可以定义 n 个变量的逻辑加：n 个变量 A_1，A_2，A_3，…，A_n的逻辑加，用表达式 $C = A_1 + A_2 + A_3 + \cdots + A_n$ 表示，当且仅当 $A_1 = A_2 = A_3 = \cdots = A_n = 0$ 时，$C = 0$；其他情况时，$C = 1$.

2. 逻辑乘("与"运算)

设 A，B 是任意两个逻辑变量，A，B 的逻辑乘确定另一个逻辑变量 C. C 的逻辑值规定如下：当 A 为 1 且 B 为 1 时，C 为 1；其他情况时，C 为 0，此时 C 叫作 A，B 的逻辑乘. 逻辑乘也称"与"运算，运算符号位"·"，两变量的"与"运算的关系表示为

$$C = A \cdot B, \quad \text{简记为 } C = AB,$$

读作“C 等于 A 与 B”.

例如，在如图所示电路中，开关 A 和 B 串联控制同一个灯 C，假定开关断开和灯灭用“0”表示，开关闭合和灯亮用“1”表示，则灯 C 与开关 A、B 的关系如下表：

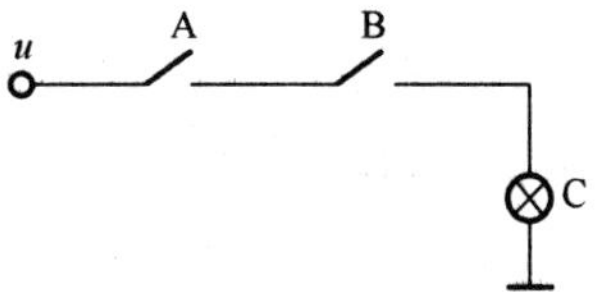

A	B	C
0	0	0
0	1	0
1	0	0
1	1	1

由此，可得出“与”运算的法则为

$$0 \cdot 0 = 0, \quad 0 \cdot 1 = 0, \quad 1 \cdot 0 = 0, \quad 1 \cdot 1 = 1.$$

类似地，我们可以定义 n 个变量的逻辑乘：n 个变量 A_1，A_2，A_3，…，A_n的逻辑乘，用表达式 $C = A_1 \cdot A_2 \cdot A_3 \cdot \cdots \cdot A_n$ 表示，当且仅当 $A_1 = A_2 = A_3 = \cdots = A_n$ 时，$C = 1$；其他情况时，$C = 0$.

3. 逻辑非(“非”运算)

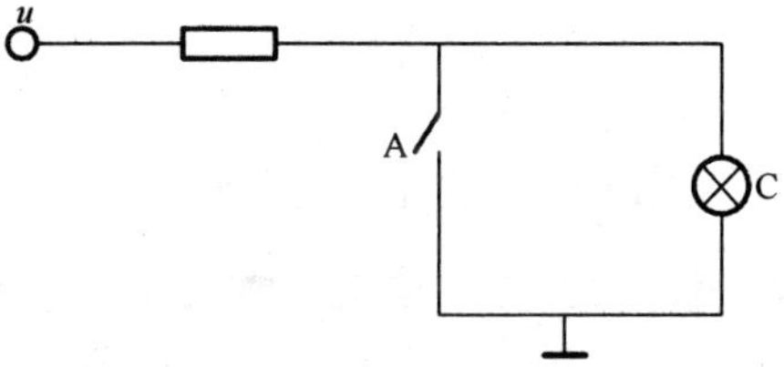

设 A 是任意一个逻辑变量，A 的逻辑非确定另一个逻辑变量 C. C 的逻辑值规定如下：当 A 为 1 时，C 为 0；当 A 为 0 时，C 为 1，此时 C 叫作 A 的逻辑非. 逻辑非也称“非”运算，运算符号位“—”，A 的逻辑非表达式为

$$C=\overline{A},$$

读作“C 等于非 A”.

例如，在如图所示电路中，假定开关 A 断开和灯灭用“0”表示，开关 A 闭合和灯亮用“1”表示，则灯 C 与开关 A 的关系如下表：

A	C
0	1
1	0

由此，可得出“非”运算的法则为

$$\overline{0}=1,\quad \overline{1}=0.$$

二、几种复合逻辑运算

三种基本的逻辑运算比较简单，容易实现. 但在实际运用的逻辑问题要比基本的逻辑运算复杂得多. 经常把“与”“或”“非”三种基本逻辑运算合理地组合起来使用，这就是复合逻辑运算. 常用的复合逻辑运算有“与非”运算、“或非”运算、“与或非”运算、“异或”运算、“同或”运算等.

1. “与非”逻辑

“与非”逻辑是把“与”逻辑和“非”逻辑组合起来实现的，它先进行“与”运算，再把“与”运算的结果进行“非”运算. 其逻辑关系描述为：输入全部为 1 时，输出为 0；否则始终为 1. 其逻辑表达式为

$$Y=\overline{A\cdot B}.$$

2. “或非”逻辑

“或非”运算逻辑关系描述为：输入中有一个及一个以上为 1，则输出为 0，仅当输入全为 0 时，输出为 1. 其逻辑表达式为

$$Y=\overline{A+B}.$$

3. “与或非”逻辑

“与或非”逻辑是把“与”逻辑、“或”逻辑、“非”逻辑组合起来实现的. 先进行“与”运算，把“与”运算的结果进行“或”运算，最后进行“非”运算. 其逻辑表达式为

$$Y=\overline{A\cdot B+C\cdot D}.$$

4. “异或”逻辑

“异或”逻辑的逻辑关系描述为：当 A，B 两个变量取值不同时，输出 Y 为 1；当 A，B 两个变量取值相同时，输出 Y 为 0. 其逻辑表达式为

$$Y=A\oplus B=\overline{A}B+A\overline{B}.$$

5. “同或”逻辑

“同或”逻辑的逻辑关系描述为：当 A，B 两个变量取值相同时，输出 Y 为 1；当 A，B 两个变量取值不同时，输出 Y 为 0. 其逻辑表达式为

$$Y=A\odot B=AB+\overline{A}\,\overline{B}.$$

三、逻辑函数及其表示方法

用于表示逻辑函数的方法有逻辑函数表达式、逻辑真值表、逻

辑图、波形图和卡诺图.

1. 逻辑函数表达式

逻辑函数表达式是将逻辑变量用“与”、“或”、“非”等运算符号按一定规律组合起来表示逻辑函数的一种方法. 它是逻辑变量与逻辑函数之间逻辑关系的表达式,简称表达式.

逻辑表达式的优点:

(1) 简洁方便,容易记忆;

(2) 可以直接用公式法化简逻辑函数;

(3) 便于用逻辑图实现逻辑函数.

缺点是不能直观地反映输出函数与输入变量之间一一对应的逻辑关系.

2. 逻辑函数真值表

将逻辑函数中自变量的各种可能取值组合与其因变量的值一一列出,并以表格形式表示,这样的表称为逻辑函数真值表.

用真值表表示逻辑函数的优点:

(1) 可以直观、明了地反映出函数值与变量取值之间的对应关系;

(2) 由实际逻辑问题列出真值表比较容易.

缺点:

(1) 由于一个变量有两个取值,n 个变量就有 2^n 种取值组合,在变量比较多的时候真值表计算困难,工作量大,所以一般情况下当变量多于 4 个时不用真值表表示逻辑函数;

(2) 不能直接用于化简.

3. 逻辑图

逻辑图是用逻辑符号表示逻辑函数的一种方法. 每一个逻辑符号就是一个最简单的逻辑图.

4. 波形图

波形图是用输入变量和对应的输出变量随时间变化的波形来表示的图形，它能直观地表示变量取值与函数值在时间上的对应关系，但难以用公式和定理进行运算和变换，当变量个数增多时，画图也比较困难.

课堂练习

1. 画出“与非”、“或非”、“与或非”的逻辑运算图形符号，并写出相应的真值表.

2. 画出“异或”和“同或”的逻辑运算图形符号，并写出相应的真值表.

3. 指出下列描述中所包含的逻辑关系，画出它们的逻辑图形符号，并写出相应的真值表.

(1) 甲乙两人同时上网，才能在网上聊天；

(2) 甲乙两人只允许一人上网；

(3) 甲乙两人要么都去上网，要么一个也不去；

(4) 甲乙两人都允许去上网.

§2.3 逻辑代数的公式化简

逻辑函数是逻辑电路的代数表示形式. 一般来说,表达式越简单,其电路也就越简单,所需要的器件也就越少,这样既能节省电路元件,同时也提高电路的可靠性. 通常从逻辑角度概括出来的逻辑函数不一定是最简单的,所以要对逻辑函数进行化简,找出最简的表达式,这也是逻辑设计的必要步骤.

与普通代数一样,在逻辑代数的化简中,同样也遵循一定的规律.

一、逻辑运算定律

1. 逻辑加的运算律

(1) 交换律　$A+B=B+A$;

(2) 结合律　$A+(B+C)=(A+B)+C$;

(3) 重叠律　$A+A=A$;

(4) 吸收律　$A+1=1$;

(5) 0—1 律　$A+0=A$.

2. 逻辑乘的运算律

(1) 交换律　$A\cdot B=B\cdot A$;

(2) 结合律　$A\cdot(B\cdot C)=(A\cdot B)\cdot C$;

(3) 等幂律　$A\cdot A=A$;

(4) 吸收律　$A \cdot 0 = 0$;

(5) 0—1律　$A \cdot 1 = A$.

3. 逻辑非的运算律

(1) 还原律　$\overline{\overline{A}} = A$;

(2) 互补律　$A + \overline{A} = 1$,　$A \cdot \overline{A} = 0$.

4. 分配律

$A(B+C) = AB + AC$,　$A + B \cdot C = (A+B)(A+C)$.

5. 反演律

$\overline{A \cdot B} = \overline{A} + \overline{B}$,　$\overline{A+B} = \overline{A} \cdot \overline{B}$.

6. 吸收律

$A + AB = A$,　$A(A+B) = A$.

二、逻辑代数的公式化简

公式化简法是利用逻辑代数的基本公式、定律及常用公式来消去多余的乘积项和每个乘积项中多余的因子,以求得逻辑函数表达式的最简形式.逻辑函数表达式的形式一般有五种,现列举如下.

1. 并项法

根据 $AB + A\overline{B} = A$,可以把两项合并为一项,并取消 B 和 $\overline{B}$ 这两个因子,A 和 B 可以代表任何复杂的逻辑函数表达式.如

$$\begin{aligned} Y &= AB + ACD + \overline{A}B + \overline{A}CD \\ &= (A+\overline{A})B + (A+\overline{A})CD = B + CD. \end{aligned}$$

2. 吸收法

根据 $A+AB=A$,可将 AB 项消去,A 和 B 可以代表任何复杂

的逻辑函数表达式.

3. 消因子法

根据 $A+\overline{A}B=A+B$，可将 $\overline{A}B$ 中的 $\overline{A}$ 消去，A 和 B 可以代表任何复杂的逻辑函数表达式.

4. 配项法

根据 $A+A=A$，可以在逻辑函数表达式中重复写入某一项，以获得更加简单的化简结果.

除了以上的方法外，还可以根据 $A+\overline{A}=1$，将式子中的某一项乘以 $A+\overline{A}$，然后将其拆乘两项分别与其他项合并，以获得更加简单的化简结果. 在实际应用中，经常是将几种方法综合运用.

例 1 化简下列逻辑代数式.

(1) $\overline{AB}+\overline{B}$；　　(2) $\overline{\overline{A}B+B}$.

解 (1) 由逻辑运算的运算定律，得

$$\begin{aligned}\overline{AB}+\overline{B}&=(\overline{A}+\overline{B})+\overline{B}=\overline{A}+(\overline{B}+\overline{B})\\&=\overline{A}+\overline{B}.\end{aligned}$$

(2) **方法一**
$$\begin{aligned}\overline{\overline{A}B+B}&=\overline{\overline{A}B}\cdot\overline{B}=(\overline{\overline{A}}+\overline{B})\cdot\overline{B}\\&=(A+\overline{B})\cdot\overline{B}=A\cdot\overline{B}+\overline{B}\cdot\overline{B}\\&=A\cdot\overline{B}+\overline{B}=\overline{B}(A+1)\\&=\overline{B}\cdot 1=\overline{B}.\end{aligned}$$

方法二 $\overline{\overline{A}B+B}=\overline{(\overline{A}+1)B}=\overline{1\cdot B}=\overline{B}$.

可见，同样的化简，采用不同的方法，会使运算步骤简化很多. 在以后遇到类似问题时，我们一定要先观察，然后选定合适的方法去化简，这样会使运算量简化.

课堂练习

设计一个自动门的控制电路，使有人通过门时门自动打开，要求：

（1）根据给定的输出和输入的逻辑关系，列出真值表；

（2）列出逻辑代数式；

（3）化简逻辑代数式；

（4）设计开关电路图.

第三章　三角函数

现代三角学一词最初见于希腊文. 最先使用 Trigonometry 这个词的是皮蒂斯楚斯(Bartholomeo Pitiscus, 1516—1613),他在1595年出版的《三角学:解三角学的简明处理》中,创造了这个新词. 原意为三角形的测量,或者说解三角形. 早期的解三角形是因天文观测的需要而引起的. 以太阳和星星为目标的天文观测,以及为这种观测服务的原始的三角测量就形成了最初的三角函数的运算. 因此,三角学是紧密地同天文学相联系在一起的.

随着知识经济的发展和现代社会人们生产、生活的需要,三角函数得到了长足的发展和应用,特别在现代工业,像机械加工中的线切割,数控加工技术中的工件加工,以及在电学专业中交流电的图像中都有很广泛的运用.

本章主要在初中学习三角函数的基础上,对角的范围进行扩展,对三角函数在坐标系中进行详细定义,以及对三角函数基本诱导公式进行简单描述.

§3.1 角的概念的推广

一、任意角的概念

我们在初中学过角的概念，角可以看作是一条射线绕着它的端点在平面内旋转形成的图形，如下图所示. 我们把射线的端点 O 称为角的顶点，起始位置 OA 称为角的始边，终止位置 OB 称为角的终边.

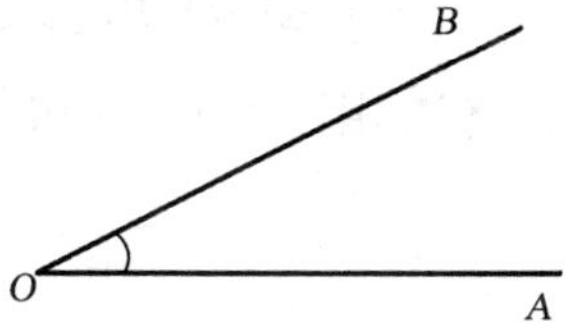

但在实际生活中，我们还会遇到其他情况，如按顺时针旋转一个角度或者按逆时针旋转一个角度，按逆时针旋转两圈或者三圈等情况. 这样，我们对在 $0\sim360°$范围内角的运用就有一定的局限性.

为了研究方便，在数学上，我们把角的范围扩展到整个实数范围内，规定如下：

在平面内，一条射线绕它的端点旋转，按逆时针方向旋转形成的角规定为正角，按顺时针方向旋转规定为负角，不旋转的角规定为零角. 这样，我们把角的概念就给推广了，在以后角的运算中，包括任意大小的正角、负角、零角都统称为任意角.

二、象限角、轴线角和终边相同的角

1. 象限角、轴线角

为了研究方便，今后我们主要在平面直角坐标系中研究角. 我们把角的顶点置于坐标系中的原点，角的始边与 x 轴的正半轴重合，终边落在第几象限就称为第几象限角，分别记作 $\alpha\in\mathrm{I}$，$\alpha\in\mathrm{II}$，$\alpha\in\mathrm{III}$，$\alpha\in\mathrm{IV}$. 如果角的终边落在坐标轴上，我们称其为轴线角.

2. 终边相同的角

在平面直角坐标系中，终边落在同一射线上的角称为终边相同的角. 例如，$60°$ 角与 $420°$ 角在坐标系中都在第一象限，并且与 x 轴正方向的夹角都为 $60°$，那么这两个角就称为终边相同的角.

一般地，所有与角 α 终边相同的角 β（包括角 α 在内），都可以用下面的形式表示：

$$\beta=\alpha+k\cdot 360°,\quad k\in\mathbf{Z}.$$

由此我们不难发现，与角 α 终边相同的角有无穷多个，它们彼此相差 $360°$ 的整数倍.

三、弧度制

在初中的学习中我们知道，把圆等分为 360 份，其中 1 份所对应的圆心角称为 $1°$ 的角，这种用度作单位的方法称为角度制. 而在实际应用中，我们还会经常遇到另一种度量角的方法，我们称之为弧度制.

1. 定义

我们规定,等于半径长的圆弧所对的圆心角的大小称为1弧度的角,记作1 rad,读作"1弧度".弧度在日常运算中常常省略不写.

同时,我们规定,正角的弧度数为正数,负角的弧度数为负值,零角的弧度数为零.

同样,我们也可以推断出:任意角的弧度数 α 和弧长 l、半径 r 的关系为

$$l = r\mid\alpha\mid.$$

由此我们可以得出:任意一个已知角的弧度数的绝对值公式为

$$\mid\alpha\mid = \frac{l}{r}.$$

2. 弧度与度的换算

在工程技术和数学上,我们经常会遇到弧度,那么弧度与我们在初中学过的度之间如何转换呢?

我们知道,圆周长 $l = 2\pi r$,代入公式 $\mid\alpha\mid = \dfrac{l}{r}$ 可得,圆周角为 2π rad,我们又知道圆周角等于 $360°$,可以得到 $360° = 2\pi$ rad,由此可得

$$1° = \frac{\pi}{180} \approx 0.017\ 45(\text{rad});$$

$$1\ \text{rad} = \left(\frac{180}{\pi}\right)^{\circ} \approx 57°17'45''.$$

在弧度制下，与角 α 终边相同的角用弧度表示为

$$\beta = \alpha + 2k\pi, \quad k \in \mathbf{Z}.$$

例 1 把下列角度转化为弧度数.

(1) $67.5°$；　　(2) $-280°$.

解 (1) 因为 $1° = \dfrac{\pi}{180}(\text{rad})$，

所以 $67.5° = 67.5 \times 1° = 67.5 \times \dfrac{\pi}{180} = \dfrac{3}{8}\pi(\text{rad})$.

(2) 因为 $1° = \dfrac{\pi}{180}(\text{rad})$，

所以 $-280° = -280 \times 1° = -280 \times \dfrac{\pi}{180} = -\dfrac{14}{9}\pi(\text{rad})$.

例 2 把下列各角的弧度数化为度数.

(1) $\dfrac{5\pi}{6}$ rad；　　(2) 5 rad；

解 (1) 因为 $1\ \text{rad} = \left(\dfrac{180}{\pi}\right)^{\circ}$，

所以 $\dfrac{5\pi}{6}\ \text{rad} = \dfrac{5\pi}{6} \times \left(\dfrac{180}{\pi}\right)^{\circ} = 150°$.

(2) 因为 $1\ \text{rad} = \left(\dfrac{180}{\pi}\right)^{\circ}$，

所以 $5\ \text{rad} = 5 \times \left(\dfrac{180}{\pi}\right)^{\circ} = \left(\dfrac{900}{\pi}\right)^{\circ}$.

课堂练习

1. 把下列各角化为弧度或者度数.

(1) 100°； (2) -240°； (3) $\frac{5}{3}\pi$； (4) 5.

2. 分别写出与下列各角终边相同的角.

(1) 120°； (2) 90°； (3) $\frac{\pi}{3}$； (4) 6π.

3. 在半径为 60 cm 的圆周上，有一段长为 8π 的弧，求这段弧所对的圆心角的弧度数和角度数.

§3.2 任意角的三角函数

我们在初中学习直角三角形时，接触过三角函数的定义，那么在直角坐标系中，任意角的三角函数是怎样定义的呢？

一、任意角的三角函数

设角 α 的终边上任意一点 p 的坐标为 $(x,\ y)$，点 p 到原点的距离定义为 $r=\sqrt{x^2+y^2}$，则

(1) 比值 $\frac{y}{r}$ 称为角 α 的正弦，记作 $\sin\alpha$；

(2) 比值 $\frac{x}{r}$ 称为角 α 的余弦，记作 $\cos\alpha$；

(3) 比值 $\frac{y}{x}$ 称为角 α 的正切，记作 $\tan\alpha$；

(4) 比值 $\frac{x}{y}$ 称为角 α 的余切，记作 $\cot\alpha$.

对应于同一个角 α，x，y，r 之间的比值是确定的，所以给定角 α，则它的三角函数值是唯一不变的值.

另外，对于正切函数，当 $\alpha=\frac{\pi}{2}+k\pi\ (k\in\mathbf{Z})$ 时，角 α 的终边落在 y 轴上，此时 $x=0$，正切函数无意义；对于余切函数，当 $\alpha=k\pi(k\in\mathbf{Z})$ 时，角 α 的终边落在 x 轴上，此时 $y=0$，余切函数无

意义.

由于角的集合与实数集之间建立了一一对应的关系，所以我们把正弦、余弦、正切、余切统称为以实数为自变量的三角函数.

二、同角三角函数的基本关系

对于同一个角来说，我们可以得出以下结论：

(1) $\sin^2\alpha+\cos^2\alpha=1$；

(2) $\dfrac{\sin\alpha}{\cos\alpha}=\tan\alpha$；

(3) $\cot\alpha=\dfrac{1}{\tan\alpha}$.

下面给出上面结论的简单证明.

证明 由三角函数的定义可知

$$\sin\alpha=\frac{y}{r},\quad \cos\alpha=\frac{x}{r},\quad \tan\alpha=\frac{y}{x},\quad \cot\alpha=\frac{x}{y},$$

所以

$$\sin^2\alpha+\cos^2\alpha=\left(\frac{y}{r}\right)^2+\left(\frac{x}{r}\right)^2=\frac{x^2+y^2}{r^2}=1.$$

当 $\alpha\neq\dfrac{\pi}{2}+k\pi\ (k\in\mathbf{Z})$ 时，

$$\frac{\sin\alpha}{\cos\alpha}=\frac{\frac{y}{r}}{\frac{x}{r}}=\frac{y}{x}=\tan\alpha;$$

当 $\alpha \neq \frac{\pi}{2} + k\pi\ (k \in \mathbf{Z})$，$\alpha \neq k\pi (k \in \mathbf{Z})$ 时，

$$\cot\alpha = \frac{x}{y} = \frac{1}{\frac{y}{x}} = \frac{1}{\tan\alpha}.$$

这三个关系式是三角函数中最基本的关系式，我们可以根据它们，利用同一个角的一个三角函数值，求其他三角函数值，也可以进行三角函数化简与证明运算.

例 1 已知 $\sin\alpha = \frac{3}{5}$，$\alpha \in$ Ⅰ，求 α 的其他三角函数值.

解 因为 $\alpha \in$ Ⅰ，

所以 由三角函数的定义可得 α 的其他三角函数值.

又因为 $\sin^2\alpha + \cos^2\alpha = 1$，

所以 $\cos\alpha = \sqrt{1-\sin^2\alpha} = \sqrt{1-\left(\frac{3}{5}\right)^2} = \frac{4}{5}$；

因为 $\frac{\sin\alpha}{\cos\alpha} = \tan\alpha$，

所以 $\tan\alpha = \frac{\sin\alpha}{\cos\alpha} = \frac{\frac{3}{5}}{\frac{4}{5}} = \frac{3}{4}$；

又因为 $\cot\alpha = \frac{1}{\tan\alpha}$，

所以 $\cot\alpha = \frac{4}{3}$.

例 2 已知角 α 的终边上一点 M 的坐标为(5, 12)，求角 α 的三角函数值.

解 因为 $M(5,\ 12)$在第一象限，即

$$x = 5, \quad y = 12,$$

故 $$r = \sqrt{x^2 + y^2} = \sqrt{5^2 + 12^2} = 13,$$

所以 $$\sin\alpha = \frac{y}{r} = \frac{12}{13}, \quad \cos\alpha = \frac{x}{r} = \frac{5}{13},$$

$$\tan\alpha = \frac{y}{x} = \frac{12}{5}, \quad \cot\alpha = \frac{x}{y} = \frac{5}{12}.$$

课堂练习

1. 已知角 α 的终边上一点 P 的坐标为(3，−4)，求角 α 的三角函数值.

2. 根据条件，求其他三角函数值.

(1) $\sin\alpha = \frac{4}{5}$，$\alpha \in$ Ⅱ；

(2) $\cos\alpha = \frac{4}{5}$，$\alpha \in$ Ⅳ.

§3.3 诱导公式

一、诱导公式

1. $\pi\pm\alpha$、$2\pi\pm\alpha$ 与 α 之间三角函数关系

我们根据三角函数的定义与 x、y 关于 y 轴、x 轴对称，可以得到如下结论：

它们的三角函数值等于与 α 同名的三角函数值，前面加上其所在象限的函数值符号，即

(1) $\sin(\pi+\alpha)=-\sin\alpha$;

$\cos(\pi+\alpha)=-\cos\alpha$;

$\tan(\pi+\alpha)=\tan\alpha$.

(2) $\sin(\pi-\alpha)=\sin\alpha$;

$\cos(\pi-\alpha)=-\cos\alpha$;

$\tan(\pi-\alpha)=-\tan\alpha$.

(3) $\sin(2\pi+\alpha)=\sin\alpha$;

$\cos(2\pi+\alpha)=\cos\alpha$;

$\tan(2\pi+\alpha)=\tan\alpha$.

(4) $\sin(2\pi-\alpha)=-\sin\alpha$;

$\cos(2\pi - \alpha) = \cos\alpha$;

$\tan(2\pi - \alpha) = -\tan\alpha$.

其他只要终边相同,其三角函数值都相同,因此我们可以利用终边相同的角三角函数值相同求其他整个定义域上的三角函数值.归纳起来,可概括为:函数名不变,符号看象限.

2. $\frac{\pi}{2} \pm \alpha$、$\frac{3\pi}{2} \pm \alpha$ 与 α 的三角函数关系

(1) $\sin\left(\frac{\pi}{2} + \alpha\right) = \cos\alpha$;

$\cos\left(\frac{\pi}{2} + \alpha\right) = -\sin\alpha$;

$\tan\left(\frac{\pi}{2} + \alpha\right) = -\cot\alpha$.

(2) $\sin\left(\frac{\pi}{2} - \alpha\right) = \cos\alpha$;

$\cos\left(\frac{\pi}{2} - \alpha\right) = \sin\alpha$;

$\tan\left(\frac{\pi}{2} - \alpha\right) = \cot\alpha$.

(3) $\sin\left(\frac{3\pi}{2} + \alpha\right) = -\cos\alpha$;

$\cos\left(\frac{3\pi}{2} + \alpha\right) = \sin\alpha$;

$\tan\left(\frac{3\pi}{2} + \alpha\right) = -\cot\alpha$.

(4) $\sin\left(\frac{3\pi}{2} - \alpha\right) = -\cos\alpha$;

$$\cos\left(\frac{3\pi}{2}-\alpha\right)=-\sin\alpha;$$

$$\tan\left(\frac{3\pi}{2}-\alpha\right)=\cot\alpha.$$

上面的公式可归纳为：函数名称变，符号看象限.

二、三角函数在各个象限内的符号

我们在学习过程中，有些三角函数的符号不容易记，可根据三角函数的定义及各象限内点的坐标符号，确定三角函数值在各个象限的符号：

(1) 因为 $\sin\alpha=\frac{y}{r}$，所以对于第Ⅰ、Ⅱ象限角来说，$y>0$，$r>0$，$\sin\alpha>0$；对于第Ⅲ、Ⅳ象限角来说，$y<0$，$r>0$，$\sin\alpha<0$.

(2) 因为 $\cos\alpha=\frac{x}{r}$，所以对于第Ⅰ、Ⅳ象限角来说，$x>0$，$r>0$，$\cos\alpha>0$；对于第Ⅱ、Ⅲ象限角来说，$y<0$，$r>0$，$\cos\alpha<0$.

(3) 因为 $\tan\alpha=\frac{y}{x}$，$\cot\alpha=\frac{x}{y}$，所以对于第Ⅰ、Ⅲ象限角来说，$xy>0$，$\tan\alpha>0$，$\cot\alpha>0$；对于第Ⅱ、Ⅳ象限角来说，$xy<0$，$\tan\alpha<0$，$\cot\alpha<0$.

如图所示，其归纳概括为：Ⅰ全正，Ⅱ正弦，Ⅲ正切、余切，Ⅳ余弦.

我们利用诱导公式，可以求在整个定义域上三角函数的值，但要注意一点，对于同一道题，不能出现弧度和度数混用的情况.

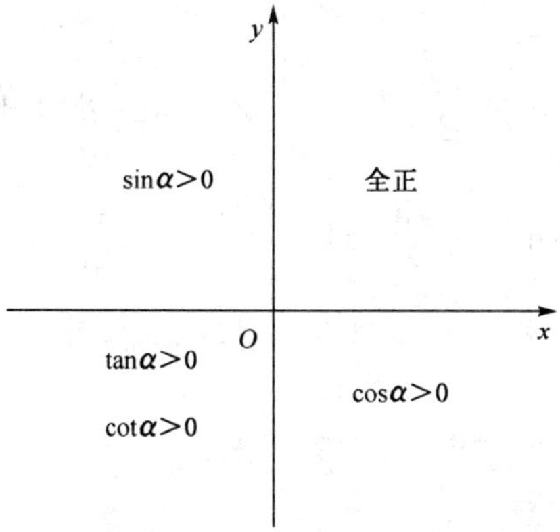

例 1 求下列三角函数值.

(1) $\sin(-240^\circ)$； (2) $\cos\left(-\dfrac{7}{4}\pi\right)$； (3) $\tan\left(-\dfrac{16}{3}\pi\right)$.

解 (1)
$$\begin{aligned}\sin(-240^\circ) &= \sin(-360^\circ+120^\circ)\\ &= \sin 120^\circ = \sin(180^\circ-120^\circ)\\ &= \sin 60^\circ = \frac{\sqrt{3}}{2}.\end{aligned}$$

(2) $$\cos\left(-\frac{7}{4}\pi\right)=\cos\left(-2\pi+\frac{1}{4}\pi\right)=\cos\frac{\pi}{4}=\frac{\sqrt{2}}{2}.$$

(3) $$\begin{aligned}\tan\left(-\frac{16}{3}\pi\right) &= \tan\left(-6\pi+\frac{2}{3}\pi\right)\\ &= \tan\frac{2\pi}{3}=\tan\left(\pi-\frac{2\pi}{3}\right)\\ &= -\tan\frac{\pi}{3}=-\sqrt{3}.\end{aligned}$$

另外，我们也可以根据诱导公式，求三角函数值对应的在规定范围内的角的大小.

例 2 求下列角的值.

(1) 已知 $\sin\alpha=\frac{\sqrt{2}}{2}$, 且 $\alpha\in[0, 2\pi]$, 求 α 值;

(2) 已知 $\cos\alpha=-\frac{\sqrt{3}}{2}$, 且 $\alpha\in[0, 2\pi]$, 求 α 值;

(3) 已知 $\tan\alpha=-1$, 且 $\alpha\in[0, 2\pi]$, 求 α 值.

解 (1) 因为 $\sin\alpha=\frac{\sqrt{2}}{2}>0$,

所以 $\alpha\in$ Ⅰ 或 $\alpha\in$ Ⅱ.

当 $\alpha\in$ Ⅰ 时, 由 $\sin 45^\circ=\frac{\sqrt{2}}{2}$, 可得

$$\alpha=45^\circ;$$

当 $\alpha\in$ Ⅱ 时, 由 $\sin(180^\circ-45^\circ)=\frac{\sqrt{2}}{2}$, 可得

$$\alpha=180^\circ-45^\circ=135^\circ.$$

所以在区间 $[0, 2\pi]$ 内, α 的值为 $\alpha=45^\circ$ 或 135°.

(2) 因为 $\cos\alpha=-\frac{\sqrt{3}}{2}<0$,

所以 $\alpha\in$ Ⅱ 或者 $\alpha\in$ Ⅲ.

因为 $\cos 30^\circ=\frac{\sqrt{3}}{2}$,

所以, 当 $\alpha\in$ Ⅱ 时,

$$\cos(180^\circ-30^\circ)=-\cos 30^\circ=-\frac{\sqrt{3}}{2},$$

此时, $\alpha=180^\circ-30^\circ=150^\circ$;

当 $\alpha\in$ Ⅲ 时,

$$\cos(180^\circ + 30^\circ) = -\cos 30^\circ = -\frac{\sqrt{3}}{2},$$

此时，$\alpha = 180^\circ + 30^\circ = 210^\circ$.

所以在区间 $[0, 2\pi]$ 内，α 的值为 $\alpha = 150^\circ$ 或 210°.

(3) 因为 $\tan\alpha = -1 < 0$,

所以 $\alpha \in$ Ⅱ 或 $\alpha \in$ Ⅳ.

又因为 $\tan 45^\circ = 1$,

所以，当 $\alpha \in$ Ⅱ 时，

$$\tan(180^\circ - 45^\circ) = -\tan 45^\circ = -1,$$

此时，$\alpha = 180^\circ - 45^\circ = 135^\circ$;

当 $\alpha \in$ Ⅳ 时，

$$\tan(360^\circ - 45^\circ) = -\tan 45^\circ = -1,$$

此时，$\alpha = 360^\circ - 45^\circ = 315^\circ$.

所以在区间 $[0, 2\pi]$ 内，α 的值为 $\alpha = 135^\circ$ 或 315°.

课堂练习

1. 求下列三角函数值.

(1) $\sin\frac{5\pi}{3}$;　　(2) $\cos\frac{5\pi}{6}$;

(3) $\tan\frac{11\pi}{4}$;　　(4) $\cot\left(-\frac{4\pi}{3}\right)$.

2. 求下列三角函数值.

(1) $\sin 90^\circ$;　　(2) $\cos 600^\circ$;

(3) $\tan(-315°)$；　　(4) $\cot(-270°)$.

3. 设 $\alpha \in [-2\pi, 2\pi]$，求满足下列条件的角 α 值.

(1) $\sin\alpha = -\frac{\sqrt{3}}{2}$；　　(2) $\cos\alpha = -1$；

(3) $\tan\alpha = \sqrt{3}$；　　(4) $\cot\alpha = -\frac{\sqrt{3}}{3}$.

§3.4 两角和与差的三角函数

一、两角和与差的三角函数

1. 两角和与差的的正弦

$$\sin(\alpha+\beta)=\sin\alpha\cos\beta+\cos\alpha\sin\beta;$$

$$\sin(\alpha-\beta)=\sin\alpha\cos\beta-\cos\alpha\sin\beta.$$

例 1 求 $\sin 75°$，$\sin 15°$ 的值.

解 (1) 因为

$$\sin 45°=\frac{\sqrt{2}}{2},\quad \cos 45°=\frac{\sqrt{2}}{2},$$

$$\sin 30°=\frac{1}{2},\quad \cos 30°=\frac{\sqrt{3}}{2},$$

所以

$$\begin{aligned}\sin 75°&=\sin(45°+30°)\\&=\sin 45°\cos 30°+\cos 45°\sin 30°\\&=\frac{\sqrt{2}}{2}\times\frac{\sqrt{3}}{2}+\frac{\sqrt{2}}{2}\times\frac{1}{2}\\&=\frac{\sqrt{6}+\sqrt{2}}{4}.\end{aligned}$$

(2) 根据题意，

$$\begin{aligned}\sin 15^\circ &= \sin(45^\circ - 30^\circ)\\ &= \sin 45^\circ\cos 30^\circ - \cos 45^\circ\sin 30^\circ\\ &= \frac{\sqrt{2}}{2}\times\frac{\sqrt{3}}{2} - \frac{\sqrt{2}}{2}\times\frac{1}{2}\\ &= \frac{\sqrt{6}-\sqrt{2}}{4}.\end{aligned}$$

例 2 把下列各式化成 $A\sin(\alpha+\beta)$ 的形式.

(1) $\sin\alpha+\cos\beta$; (2) $\frac{1}{2}\sin\alpha+\frac{\sqrt{3}}{2}\cos\alpha$.

解 (1) 因为 $\sin 45^\circ=\frac{\sqrt{2}}{2}$, $\cos 45^\circ=\frac{\sqrt{2}}{2}$,

所以

$$\begin{aligned}\sin\alpha+\cos\beta &= \sqrt{2}\left(\frac{\sqrt{2}}{2}\sin\alpha+\frac{\sqrt{2}}{2}\cos\alpha\right)\\ &= \sqrt{2}(\sin\alpha\cos 45^\circ+\cos\alpha\sin 45^\circ)\\ &= \sqrt{2}\sin(45^\circ+\alpha).\end{aligned}$$

(2) 因为 $\cos 60^\circ=\frac{1}{2}$, $\sin 60^\circ=\frac{\sqrt{3}}{2}$,

所以

$$\begin{aligned}\frac{1}{2}\sin\alpha+\frac{\sqrt{3}}{2}\cos\alpha &= \sin\alpha\cos 60^\circ+\cos\alpha\sin 60^\circ\\ &= \sin(\alpha+60^\circ).\end{aligned}$$

2. 两角和与差的余弦

$$\cos(\alpha+\beta)=\cos\alpha\cos\beta-\sin\alpha\sin\beta;$$

$$\cos(\alpha-\beta)=\cos\alpha\cos\beta+\sin\alpha\sin\beta.$$

例 3 设 $\sin\alpha=\dfrac{3}{5}$，$\alpha\in$ Ⅱ，$\cos\beta=\dfrac{5}{13}$，$\beta\in$ Ⅳ，求 $\cos(\alpha-\beta)$ 的值.

解 因为 $\sin\alpha=\dfrac{3}{5}$， $\alpha\in$ Ⅱ，

所以
$$\cos\alpha=-\sqrt{1-\sin^2\alpha}=-\frac{4}{5};$$

同理，$\cos\beta=\dfrac{5}{13}$，$\beta\in$ Ⅳ，

所以
$$\sin\beta=-\sqrt{1-\cos^2\beta}=-\frac{12}{13};$$

所以

$$\begin{aligned}\cos(\alpha-\beta)&=\cos\alpha\cos\beta+\sin\alpha\sin\beta\\&=\left(-\frac{4}{5}\right)\times\frac{5}{13}+\frac{3}{5}\times\left(-\frac{12}{13}\right)\\&=-\frac{56}{65}.\end{aligned}$$

二、二倍角公式

在公式 $\sin(\alpha+\beta)=\sin\alpha\cos\beta+\cos\alpha\sin\beta$，如果令 $\alpha=\beta$，则可得

$$\sin 2\alpha=2\sin\alpha\cos\alpha.$$

在公式 $\cos(\alpha+\beta)=\cos\alpha\cos\beta-\sin\alpha\sin\beta$，如果令 $\alpha=\beta$，则可得

$$\cos 2\alpha = \cos^2\alpha - \sin^2\alpha,$$

又因为 $\sin^2\alpha + \cos^2\alpha = 1$，所以

$$\cos 2\alpha = 1 - 2\sin^2\alpha = 2\cos^2\alpha - 1.$$

由上面的公式,我们也可以得到如下两个降幂公式:

$$\sin^2\alpha = \frac{1-\cos 2\alpha}{2}, \quad \cos^2\alpha = \frac{1+\cos 2\alpha}{2}.$$

例 4 化简下列各式.

(1) $1-2\sin^2\dfrac{3\pi}{8}$；(2) $\dfrac{\cos^2\alpha-\sin^2\alpha}{\sin\alpha\cos\alpha}$.

解 (1) 由公式 $\cos 2\alpha = 1-2\sin^2\alpha = 2\cos^2\alpha - 1$，可得

$$1-2\sin^2\frac{3\pi}{8} = \cos\frac{3\pi}{4} = -\frac{\sqrt{2}}{2}.$$

(2) 由公式 $\cos 2\alpha = \cos^2\alpha - \sin^2\alpha$ 和 $\sin 2\alpha = 2\sin\alpha\cos\alpha$，可得

$$\frac{\cos^2\alpha-\sin^2\alpha}{\sin\alpha\cos\alpha} = \frac{\cos 2\alpha}{\frac{1}{2}\sin 2\alpha} = 2\cot 2\alpha.$$

例 5 设 $\sin\alpha = \dfrac{12}{13}$，$\alpha \in$ Ⅰ，求 $\sin 2\alpha$，$\cos 2\alpha$，$\sin\dfrac{\alpha}{2}$，$\cos\dfrac{\alpha}{2}$ 的值.

解 因为 $\sin\alpha = \dfrac{12}{13}$，$\alpha \in$ Ⅰ，

所以

$$\cos\alpha = \sqrt{1-\sin^2\alpha} = \frac{5}{13},$$

$$\sin 2\alpha = 2\sin\alpha\cos\alpha = 2\times\frac{12}{13}\times\frac{5}{13} = \frac{120}{169},$$

$$\cos 2\alpha = 1 - 2\sin^2\alpha = 1 - 2\times\frac{144}{169} = -\frac{119}{169}.$$

又因为 $\alpha \in$ Ⅰ，所以 $\frac{\alpha}{2} \in$ Ⅰ，Ⅲ，

所以

$$\sin\frac{\alpha}{2} = \pm\sqrt{\frac{1-\cos\alpha}{2}} = \pm\sqrt{\frac{1-\frac{5}{13}}{2}} = \pm\frac{2\sqrt{13}}{13},$$

$$\cos\frac{\alpha}{2} = \pm\sqrt{\frac{1+\cos\alpha}{2}} = \pm\sqrt{\frac{1+\frac{5}{13}}{2}} = \pm\frac{3\sqrt{13}}{13}.$$

由此，我们可以得出这样结论：二倍角公式具有相对性，即公式左端的角只要是右端角的 2 倍即可，所以，根据这个特点，可以灵活运用公式，如

$$\sin 4\alpha = 2\sin 2\alpha\cos 2\alpha;$$

$$\sin\alpha = 2\sin\frac{\alpha}{2}\cos\frac{\alpha}{2};$$

…

课堂练习

1. 求下列各式的值.

(1) $\sin\frac{7}{12}\pi\cos\frac{5\pi}{12}$； (2) $\sin\frac{1}{12}\pi\sin\frac{\pi}{6}\sin\frac{5\pi}{12}$；

(3) $\sin\frac{5}{12}\pi-\cos\frac{\pi}{12}$；　　(4) $\sin 10^\circ+\sin 50^\circ-\sin 70^\circ$.

2. 化简下列各式.

(1) $\sin 10^\circ\sin 50^\circ+\sin 20^\circ\cos 70^\circ$；

(2) $\dfrac{\sin 3\alpha-\sin\alpha}{\cos\alpha-\cos 3\alpha}$；

(3) $\dfrac{\sin\left(\frac{\pi}{3}+\alpha\right)-\sin\left(\frac{\pi}{3}-\alpha\right)}{\cos\left(\frac{\pi}{3}+\alpha\right)-\cos\left(\frac{\pi}{3}-\alpha\right)}$.

§3.5 正弦型三角函数的图像及其应用

一、正弦型三角函数

正弦型函数在电工学、物理学、工程建设、科学实验中有很广泛的应用,因为在这些领域内一些自然现象都遵循一定的变化规律. 如在物理学中,物体作简谐运动时,位移 s 与时间 t 之间满足函数关系式 $s = A\sin(\omega t + \varphi)$; 又如在正弦交流电中电流 I 与时间 t 之间满足关系式 $I = I_{\max}\sin(\omega t + \varphi)$, 电压 u 与时间 t 满足关系式 $u = U_{\max}\sin(\omega t + \varphi)$. 以上这些问题都可以表示为 $y = A\sin(\omega x + \varphi)$ (A、ω、φ 均为常数) 的形式,我们把这种形式的三角函数称为正弦型三角函数. 下面我们来讨论函数 $y = A\sin(\omega x + \varphi)$ 的图像及性质.

二、正弦型函数的图像

由于正弦型三角函数 $y = A\sin(\omega x + \varphi)$ 与 $y = \sin x$ 图形相似,所以可以由正弦曲线 $y = \sin x$ 分别经过一定的变形而来,其关系我们可以归纳为以下几个方面:

(1) 可将函数 $y = \sin(x + \varphi)$ 看作是把 $y = \sin x$ 所有点向左

或者向右平移 $|\varphi|$ 个单位得到的，它满足“左加右减”规律（即当 $\varphi>0$ 时，向左平移；$\varphi<0$ 时，向右平移）.

(2) 可将函数 $y=\sin(\omega x+\varphi)$ 看作是把函数 $y=\sin(x+\varphi)$ 上所有点的横坐标伸长或缩短到原来的 $\dfrac{1}{\omega}$ 倍得到的.

(3) 可将函数 $y=A\sin(\omega x+\varphi)$ 看作是把函数 $y=\sin(\omega x+\varphi)$ 上所有点的纵坐标伸长为原来的 A 倍，且保持横坐标不变.

以上三点可以用以下函数变化的图像来表示.

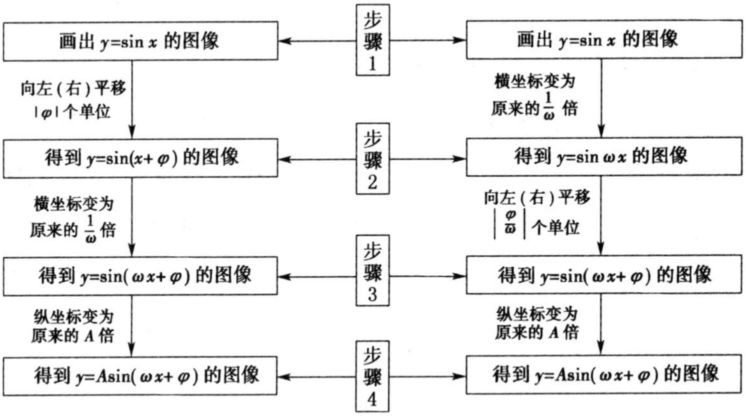

例 1 画出函数 $y=2\sin\left(4x+\dfrac{\pi}{2}\right)$ 在一个周期内的函数图像.

解 函数 $y=2\sin\left(4x+\dfrac{\pi}{2}\right)$ 的周期为 $T=\dfrac{2\pi}{\omega}=\dfrac{\pi}{2}$，令 $u=4x+\dfrac{\pi}{2}$，则在函数的一个周期 $x\in\left[0,\dfrac{\pi}{2}\right]$ 内，取 5 点如下表：

x	0	$\frac{\pi}{8}$	$\frac{\pi}{4}$	$\frac{3\pi}{8}$	$\frac{\pi}{2}$
u	$\frac{\pi}{2}$	π	$\frac{3\pi}{2}$	2π	$\frac{5\pi}{2}$
y	2	0	-2	0	2

在平面直角坐标系中描点画图,可得如下图所示.

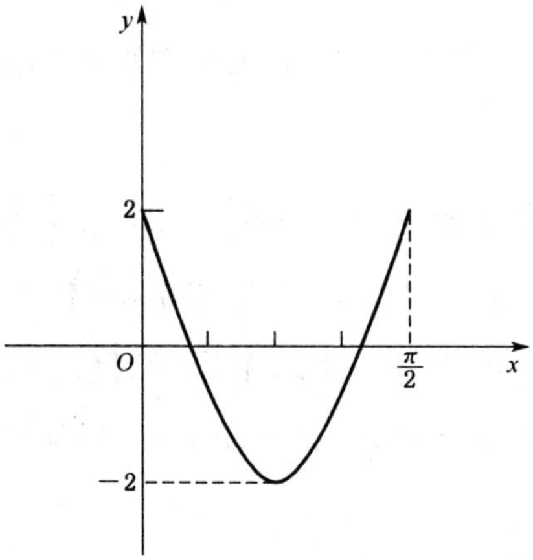

注意 我们在作图过程中,可以考虑如何将函数的图像通过上面3步的变换得到 $y=2\sin\left(4x+\frac{\pi}{2}\right)$ 的图像?又如何能得到 $y=2\sin\left(4x+\frac{\pi}{2}\right)+3$ 的图像?总结来说:A 为沿 y 轴将图像拉伸 $(A>1)$ 或压缩($0<A<1$),φ 为左右平移,且满足"左加右减",ω 为沿 x 轴将函数图像拉伸($0<\omega<1$)或压缩($\omega>1$),至于三角函数后面加上的数(如函数 $y=2\sin\left(4x+\frac{\pi}{2}\right)+3$ 后面的3)满足上下平移,且满足"上加下减".

三、正弦型函数的基本概念

正弦型函数在物理和电工学中经常会涉及到,为了统一起来方便学习,我们有以下规定:

(1) A 称为振幅,表示物体振动时离开平衡位置的最大位移;

(2) $T=\dfrac{2\pi}{\omega}$ 称为周期,表示物体往复振动一次所需要的时间;

(3) $f=\dfrac{1}{T}=\dfrac{\omega}{2\pi}$ 称为频率,表示单位时间内物体往返振动的次数;

(4) $\omega t+\varphi$ 称为相位,表示物体运动时的位置;

(5) φ 称为初相,表示 $t=0$ 时刻物体的位置.

例 2 已知一正弦交流电 i(单位:A)随时间 t(单位:s)的在一个周期内变化曲线如图所示,试写出 i 与 t 的函数关系式.

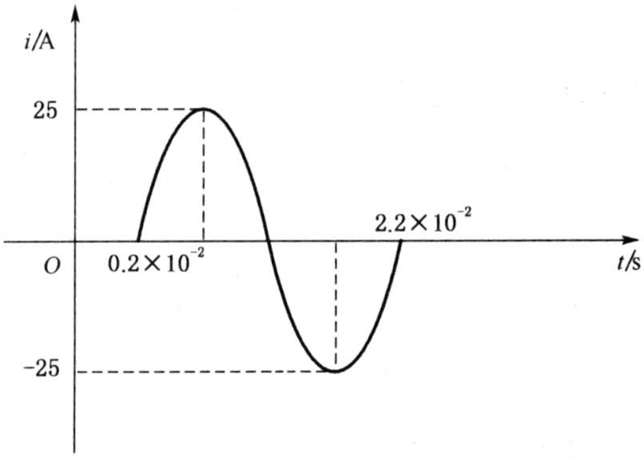

解 由图可知,所求的曲线是正弦型曲线,所以设所求函数关系式为

$$i=A\sin(\omega t+\varphi).$$

由图像知,正弦交流电的最值为 $A=25$,周期为

$$T=2.2\times10^{-2}-0.2\times10^{-2}=0.02,$$

所以由 $T=\dfrac{2\pi}{\omega}$,可得

$$\omega=\frac{2\pi}{T}=100\pi.$$

因为起点的横坐标为 0.2×10^{-2}，也即 $-\dfrac{\varphi}{\omega}=0.2\times10^{-2}$，所以有

$$\varphi=-\omega\times0.2\times10^{-2}=-\frac{\pi}{5}.$$

因此，所求函数的关系式为

$$i=25\sin\left(100\pi t-\frac{\pi}{5}\right).$$

课堂练习

1. 用五点法作出下列函数在一个周期内的图像.

(1) $y=5\sin\left(2x+\dfrac{\pi}{4}\right)$；　　(2) $y=-3\cos\left(\dfrac{1}{2}x+\dfrac{\pi}{3}\right)$；

(3) $y=\sqrt{3}\sin\left(3x-\dfrac{\pi}{4}\right)$；　　(4) $y=\dfrac{1}{2}\sin\left(\dfrac{1}{3}x-\dfrac{\pi}{4}\right)$.

2. 用五点法作出 $y=4\sin\left(2x-\dfrac{\pi}{4}\right)$ 在一个周期内的图像，并根据图像求以下值：

(1) 当 x 取何值时，y 取得最值并求出函数的最大值和最小值；

(2) 函数的周期，频率，初相，振幅；

(3) 当 $y>0$，x 的取值范围.

§3.6 正弦定理与余弦定理及其应用

我们在初中学习过解直角三角形的方法，然而在实际应用中，经常会遇到解斜三角形的问题，那么该如何利用已知三角形的边和角去找未知的边和角呢？本节将利用正弦和余弦定理来解决这类问题.

一、正弦定理

1. 正弦定理

在任意三角形中，三个边和它所对角的正弦之比相等，都等于其外接圆直径，即

$$\frac{a}{\sin A}=\frac{b}{\sin B}=\frac{c}{\sin C}=2R.$$

证明　首先，我们分三种情况证明 $\frac{a}{\sin A}=2R$.

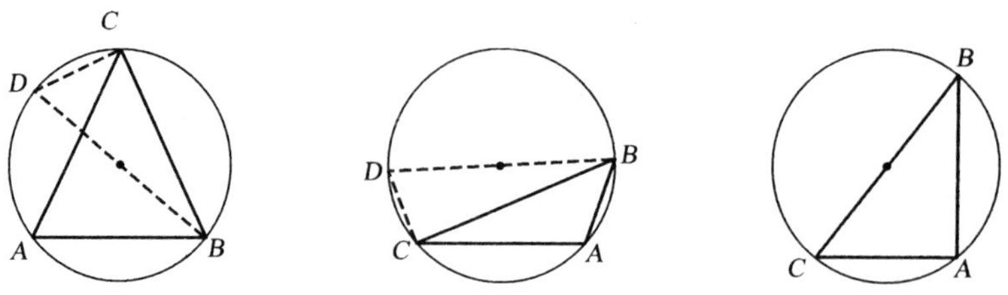

(a)　　(b)　　(c)

(1) 如图(a)所示,设 $\angle A$ 为锐角,过 B 作直径 BD, 则 $BD = 2R$. 连接 CD, 则 $\angle BCD = 90°$.

在 Rt$\triangle BCD$ 中, $BC = 2R\sin D$, 因为

$$BC = a, \quad \angle A = \angle D,$$

所以 $a = 2R\sin A$,

即 $\dfrac{a}{\sin A} = 2R.$

(2) 如图(b)所示,设 $\angle A$ 为钝角,过 B 作直径 BD, 则 $BD = 2R$. 连接 CD, 则 $\angle BCD = 90°$.

在 Rt$\triangle BCD$ 中, $BC = 2R\sin D$, 因为

$$BC = a, \quad \angle A + \angle D = 180°,$$

即 $\angle D = 180° - \angle A$,

所以 $a = 2R\sin(180° - A) = 2R\sin A$,

即 $\dfrac{a}{\sin A} = 2R.$

(3) 如图(c)所示,设 $\angle A$ 为直角,则此时 $BC = a = 2R$.

又因为 $\sin A = \sin 90° = 1$,

所以 $a = 2R = 2R\sin A$,

也即 $\dfrac{a}{\sin A} = 2R.$

同理,我们也可以证明

$$\frac{b}{\sin B} = 2R, \quad \frac{c}{\sin C} = 2R.$$

这样,正弦定理就得以证明.

2. 正弦定理适用范围

利用正弦定理求三角形的未知元素，通过对定理的掌握，我们可以得出以下两种情形的适用范围：

(1) 已知两角和一边，求其他元素；

(2) 已知两边和其中一边的对角，求其他元素.

例 1 如图所示，在$\triangle ABC$中，已知$a=10$，$c=10\sqrt{3}$，$\angle A=30^\circ$，求$\angle C$.

解 由正弦定理得

$$\frac{a}{\sin A}=\frac{c}{\sin C},$$

所以

$$\sin C=\frac{c\sin A}{a}=\frac{10\sqrt{3}\times\frac{1}{2}}{10}=\frac{\sqrt{3}}{2},$$

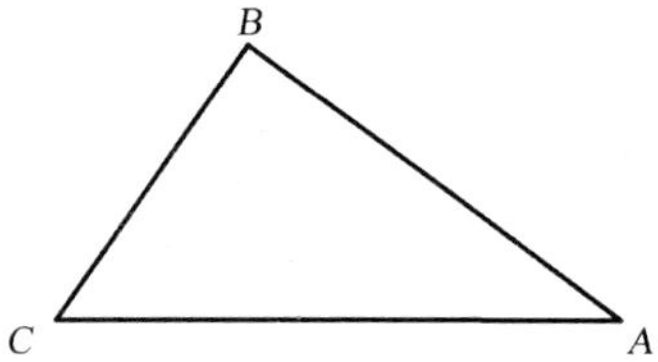

又因为 $\sin C=\frac{\sqrt{3}}{2}>0$,

所以 $\angle C=60^\circ$ 或120°.

经检验知，这两个值都成立，所以$\angle C$的值为60°或120°.

二、余弦定理

1. 余弦定理

在任意三角形中，任何一边的平方等于其他两边的平方和，减去这两边与它们夹角的余弦乘积的 2 倍，即

$$a^2=b^2+c^2-2bc\cos A,$$

$$b^2 = a^2 + c^2 - 2ac\cos B,$$

$$c^2 = a^2 + b^2 - 2ab\cos C.$$

证明　同样,我们也分三种情况来证明 $a^2 = b^2 + c^2 - 2bc\cos A$.

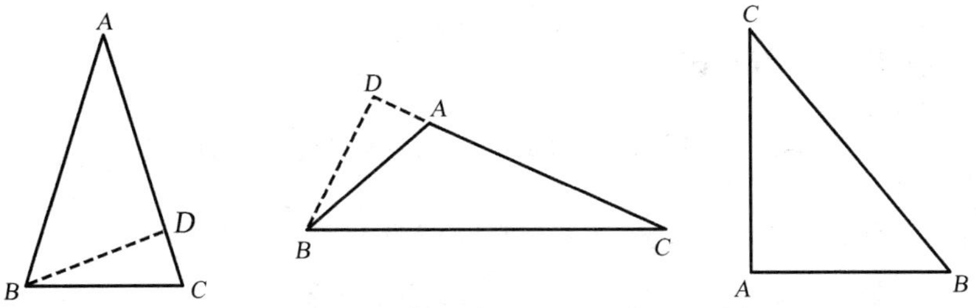

(a)　(b)　(c)

(1) 如图(a)所示,设 $\angle A$ 为锐角,过 B 作 $BD \perp AC$ 于 D 点.

因为　$CD^2 = (b - AD)^2 = b^2 - 2b \cdot AD + AD^2$,

所以在 $\mathrm{Rt}\triangle BCD$ 中,

$$a^2 = BC^2 = BD^2 + CD^2 = c^2 - AD^2 + b^2 - 2b \cdot AD + AD^2$$
$$= b^2 + c^2 - 2b \cdot AD,$$

又因为在 $\mathrm{Rt}\triangle ABD$ 中,

$$AD = AB\cos A = c\cos A,$$

所以　$a^2 = b^2 + c^2 - 2bc\cos A$.

(2) 如图(b)所示,设 $\angle A$ 为钝角,过 B 作 $BD \perp CA$ 的延长线于 D 点,则在 $\mathrm{Rt}\triangle BCD$ 中,

$$BC^2 = BD^2 + CD^2,$$

又因为在 $\mathrm{Rt}\triangle ABD$ 中,

$$BD^2 = AB^2 - AD^2,$$

所以 $BC^2 = AB^2 - AD^2 + CD^2$

$= AB^2 - AD^2 + (AC + AD)^2$

$= AB^2 - AD^2 + AC^2 + 2AC \cdot AD + AD^2$

$= AB^2 + AC^2 + 2AC \cdot AD$;

在 Rt$\triangle ABD$ 中,

$$AD = AB\cos(180° - A) = -AB\cos A,$$

所以 $BC^2 = AB^2 + AC^2 + 2AC \cdot AD$

$= AB^2 + AC^2 - 2AB \cdot AC\cos A.$

即 $a^2 = b^2 + c^2 - 2bc\cos A.$

(3) 如图(c)所示,设 $\angle A$ 为直角,则在 Rt$\triangle ABC$ 中,

$$a^2 = b^2 + c^2,$$

又因为 $\cos A = \cos 90° = 0$,

所以 也可以写成 $a^2 = b^2 + c^2 - 2bc\cos A.$

同理,我们也可以证明

$$b^2 = a^2 + c^2 - 2ac\cos B,$$

$$c^2 = a^2 + b^2 - 2ab\cos C.$$

这样,余弦定理就得以证明.

2. 余弦定理适用范围

我们由余弦定理也可以得到下面的推论.

推论 在任意三角形中,任何一角的余弦值等于其他两边的平方和,减去所求角的对边平方,然后除以这个角两临边乘积的 2

倍,即

$$\cos A=\frac{b^2+c^2-a^2}{2bc};$$

$$\cos B=\frac{a^2+c^2-b^2}{2ac};$$

$$\cos C=\frac{a^2+b^2-c^2}{2ab}.$$

在求三角形未知元素时,通过余弦定理及其推论的学习,主要有以下两种情形的适用范围:

(1) 已知两边及其夹角,求其他元素;

(2) 已知三边,求其他元素.

例 2 在$\triangle ABC$中,已知$a=\sqrt{6}$, $c=\sqrt{3}-1$, $\angle B=45°$,解此三角形.

解 由余弦定理,可得

$$\begin{aligned}b^2&=a^2+c^2-2ac\cos B\\&=6+(\sqrt{3}-1)^2-2\times\sqrt{6}\times(\sqrt{3}-1)\cos 45°\\&=4,\end{aligned}$$

所以 $b=2$.

由余弦定理的推论,可得

$$\begin{aligned}\cos A&=\frac{b^2+c^2-a^2}{2bc}\\&=\frac{4+(\sqrt{3}-1)^2-6}{2\times 2\times(\sqrt{3}-1)}\\&=-\frac{1}{2}.\end{aligned}$$

所以　$\angle A = 120°$.

所以　在$\triangle ABC$中，$\angle C = 180° - 45° - 120° = 15°$.

正弦定理和余弦定理的应用十分广泛，我们在解决有关实际问题时，一定要把已知条件和待求元素归结到同一个三角形中，准确把握已知条件和要求元素，利用正弦定理和余弦定理的适用范围，灵活运用正弦定理和余弦定理及其推论来解决实际问题.

课堂练习

1. 在$\triangle ABC$中，已知$a = 2$, $b = 6$, $\angle B = 135°$，求$\angle A$, $\angle C$和c.

2. 在$\triangle ABC$中，已知$a = 3$, $b = 4$, $c = 6$，求$\angle A$, $\angle B$和$\angle C$.

3. 如图所示的曲柄连杆装置，连杆长$AP = L = 400$ mm，曲柄OP的长$r = 100$ mm，当$\alpha = 0°$时，活塞A在A_0处，求$\alpha = 60°$，活塞A移动的距离.

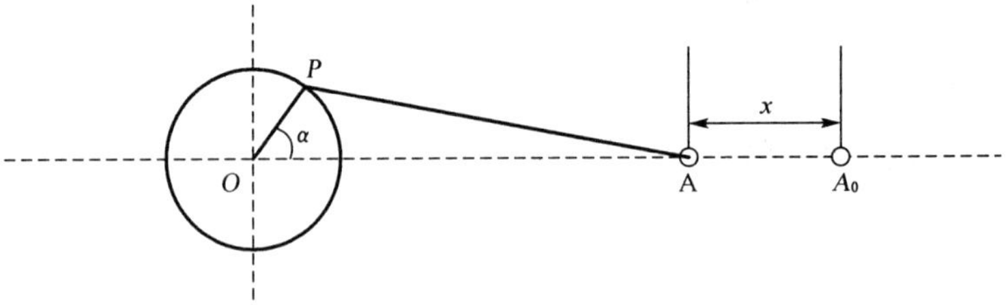

第四章　平面解析几何

17世纪以来，由于航海、天文、力学、经济、军事、生产的发展，以及初等几何和初等代数的迅速发展，促进了解析几何的建立，并被广泛应用于数学的各个分支. 解析几何是由17世纪法国著名哲学家、数学家、物理学家勒内·笛卡尔和法国律师和数学家皮埃尔·德·费马分别独立创建的，他们也被称为现代解析几何的创始人. 平面解析几何通过平面直角坐标系，建立点与实数对之间的一一对应关系，以及曲线与方程之间的一一对应关系，以达到运用代数方法研究几何问题，或用几何方法研究代数问题的目的. 解析几何的建立第一次真正实现了几何方法与代数方法的结合，使形与数统一起来，这是数学发展史上的一次重大突破.

在本章中，我们主要研究平面几何中几个比较常见的图形，即直线、圆、椭圆、抛物线和双曲线，通过建立直角坐标系，画出图形的方法，来研究他们的解析式和性质；还将简单介绍参数方程和极坐标，作为扩大知识面，利于在以后的工作中涉及应用. 同时，解析几何也是学好专业课的基础.

§4.1 直线的方程

一、直线方程的概念

1. 倾斜角和斜率

(1) 直线的倾斜角

在平面直角坐标系中，一条与 x 轴相交的直线 l，我们规定，沿 x 轴正方向按逆时针旋转到直线 l 的最小角称为直线 l 的倾斜角，如下图所示，角 α 即为直线 l 的倾斜角.

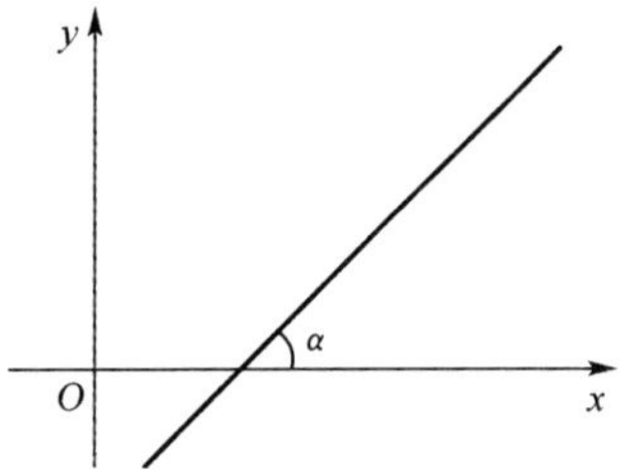

另外，我们规定，当直线 l 和 x 轴平行或重合时，它的倾斜角 $\alpha=0°$，所以，直线的倾斜角的取值范围为 $0°\leqslant\alpha<180°$.

(2) 直线的斜率

我们用倾斜角的正切值表示直线 l 的方向，这个正切值称为直线 l 的斜率，一般用 k 表示，如果直线的倾斜角 $\alpha\neq 90°$ 时，直线 l 的斜率为

$$k = \tan \alpha.$$

若直线的倾斜角 $\alpha = 90^\circ$，此时直线 l 没有斜率，因为 $\tan 90^\circ$ 不存在. 这时直线 l 与 x 轴垂直，此时直线 l 上所有的横坐标都相等.

由此，如果在平面直角坐标系中已知两点 $A(x_1, y_1)$、$B(x_2, y_2)$，那么 AB 就确定了一条直线，当 $x_1 \neq x_2$，也就是直线的倾斜角 $\alpha \neq 90^\circ$，则可以求出直线 AB 的斜率，即

$$k = \frac{y_2 - y_1}{x_2 - x_1}, \quad x_1 \neq x_2.$$

这个式子就叫做直线的斜率公式，用于已知直线上两点的坐标，求直线斜率.

例 1 已知直线 l 过点 A, B，求直线 l 的斜率 k 及倾斜角 α.

(1) $A(3, 2)$, $B(4, 1)$；　　(2) $A(4, 5)$, $B(4, -5)$.

解 (1) 因为直线 l 过定点 $A(3, 2)$, $B(4, 1)$，根据斜率公式，可得

$$k = \frac{1-2}{4-3} = -1,$$

即 $$k = \tan\alpha = -1.$$

又因为 $$0^\circ \leqslant \alpha < 180^\circ,$$

所以 $$\alpha = 135^\circ,$$

即直线 l 的斜率 $k = -1$，倾斜角 $\alpha = 135^\circ$.

(2) 因为直线 l 过定点 $A(4, 5)$, $B(4, -5)$，而对于点 $A(4, 5)$，点 $B(4, -5)$ 来说，它们的横坐标都为 4，也即

$$x_1 = x_2 = 4,$$

也就是说，过 $A(4, 5)$, $B(4, -5)$ 两点的直线 l 与 x 轴垂直，所以

过这两个点的直线 l 的斜率不存在，倾斜角 $\alpha = 90°$.

因此，我们在求直线斜率的时候，一定要先观察一下，看是否是垂直于 x 轴的直线，如果是的话，直线的倾斜角一定是 $90°$.

2. 直线方程的定义

对于给定的一次函数 $y = kx + b$ 和平面直角坐标系中的直线 l，如果对应的函数上的每一个解组成的有序实数对 (x, y) 都和直线 l 上的点相对应；反过来，直线上的每一个点的坐标都能使函数表达式成立，则这个函数就叫做直线 l 的方程，直线 l 也叫做一次函数 $y = kx + b$ 的直线.

在这里，我们把 k 叫做直线的斜率，b 称为直线的纵截距.

二、直线方程的几种求法

1. 点斜式

已知直线 l 的斜率 k（或者倾斜角 α）和直线过定点 $P(x_0, y_0)$. 设直线上任一点的坐标 $M(x, y)$，则由直线 l 的斜率公式，可得

$$k = \frac{y - y_0}{x - x_0},$$

整理可得直线的点斜式方程为 $y - y_0 = k(x - x_0)$.

2. 斜截式

已知直线 l 的斜率 k，且直线的纵截距为 b，也就是直线与 y 轴的交点坐标为 $(0, b)$，由上面的推导，我们可以得出直线 l 的斜截式方程为

$$y = kx + b.$$

3. 两点式

已知直线 l 过两定点 $A(x_1, y_1)$, $B(x_2, y_2)$，且 $x_1 \neq x_2$，设直线上任一点的坐标 $M(x, y)$，则由直线 l 的斜率公式，可得

$$k = \frac{y - y_1}{x - x_1} = \frac{y_2 - y_1}{x_2 - x_1},$$

整理可得直线的两点式方程为

$$\frac{y - y_1}{x - x_1} = \frac{y_2 - y_1}{x_2 - x_1}.$$

4. 截距式

已知直线与平面直角坐标系横、纵坐标的截距，也就是直线过点 $A(a, 0)$, $B(0, b)$，我们由直线的两点式可得直线的截距式方程为

$$\frac{x}{a} + \frac{y}{b} = 1.$$

5. 几个特殊的直线方程

(1) 与 x 轴平行的直线为 $y = c$；

(2) 与 x 轴垂直的直线为 $x = c$；

(3) 过原点的直线为 $y = kx$.

三、直线间位置关系的判定

设两条直线的方程为

$$l_1: y = k_1 x + b_1,$$

$$l_2: y = k_2 x + b_2,$$

这两条直线在平面内的位置关系有四种：平行关系，重合关系，相交关系，垂直关系.

1. 平行关系

如果直线 l_1 和 l_2 平行，则可以得到以下结论：

$$l_1 // l_2 \Longleftrightarrow \begin{cases} k_1 = k_2, \\ b_1 \neq b_2. \end{cases}$$

2. 重合关系

如果直线 l_1 和 l_2 重合，则可以得到以下结论：

$$l_1 \text{ 与 } l_2 \text{ 重合} \Longleftrightarrow \begin{cases} k_1 = k_2, \\ b_1 = b_2. \end{cases}$$

3. 相交关系

(1) 相交直线的交点

在平面内的两条直线相交，它们的交点一定都在这两条直线上. 换句话说，也就是交点的坐标应同时满足两条直线方程的解. 因此要求两条直线的交点，只需把两条直线的方程联立解方程组就可以了.

(2) 相交直线的夹角

两条直线相交，能形成四个角，我们把其中小于或等于 $90°$ 的正角称为这两条直线的夹角，这个角的大小我们可以根据直线的倾斜角来直接求出.

4. 垂直关系

如果直线 l_1 和 l_2 垂直，且两条直线的斜率都存在，则可以得到以下结论：

$$l_1 \perp l_2 \Longleftrightarrow k_1 \cdot k_2 = -1.$$

例 2 已知直线 l 过点 $A(1, 2)$，且与直线 $y=2x+3$ 垂直，求直线 l 的方程.

解 因为直线 $y=2x+3$ 的斜率为 $k_1=2$，而所求直线 l 与已知直线垂直，所以直线 l 的斜率为 $k_2=-\frac{1}{2}$.

设直线 l 的方程为 $y-y_0=k(x-x_0)$，把点 $A(1, 2)$，$k_2=-\frac{1}{2}$ 代入，可得

$$y-2=-\frac{1}{2}(x-1),$$

即直线 l 的方程为

$$y=-\frac{1}{2}x+\frac{5}{2}.$$

课堂练习

1. 已知直线过下面两点，求直线的斜率和倾斜角.

(1) $A(10, 2)$，$B(4, -4)$；

(2) $A(2, 2\sqrt{3})$，$B(0, 0)$.

2. 判断下列直线的位置关系.

(1) 直线 l_1 经过点 $A(2, 3)$，$B(0, 1)$；

直线 l_2 经过点 $C(-1, 3)$，$D(2, 0)$.

(2) 直线 l_1 经过点 $A(0, 3)$，$B(-1, -1)$；

直线 l_2 经过点 $C(3, 2)$，$D(2, -2)$.

3. 已知直线 l 经过点 $A(0, 3)$，且直线斜率为 2，求直线的点斜式方程以及斜截式方程.

4. 已知直线 l 的方程为 $2x-5y-4=0$，求直线的斜率，纵截距.

§4.2 圆的方程

一、圆的概念

我们要建立圆的概念,就必须先把圆的定义理解清楚,我们都知道,圆心到圆上任意一点的距离都等于半径,由此,我们可以得出圆的定义.

定义 在平面内,到某定点(圆心)的距离等于定长(半径)的所有点组成的图形叫作圆.

二、圆的方程

由圆的定义可知,设圆的圆心坐标为 $C(a,b)$, 半径为 r, 如图所示,则圆上任意一点坐标 $P(x, y)$, 根据以前我们学过的两点间距离公式,有关系式

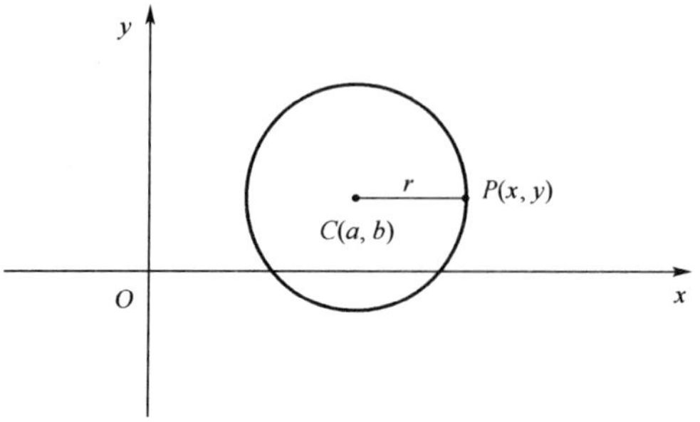

$$r=\sqrt{(x-a)^2+(y-b)^2},$$

整理得

$$(x-a)^2+(y-b)^2=r^2.$$

这个式子称为圆的

标准方程，其中，$C(a, b)$ 称为圆的圆心坐标，r 称为圆的半径.

特别地，如果圆的圆心坐标为平面直角坐标系中坐标原点，那么圆的标准方程就是

$$x^2+y^2=r^2.$$

另外，如果我们把圆的标准方程 $(x-a)^2+(y-b)^2=r^2$ 展开，可得

$$x^2+y^2-2ax-2by+a^2+b^2-r^2=0.$$

如果我们令 $D=-2a$，$E=-2b$，$F=a^2+b^2-r^2$，就得到

$$x^2+y^2+Dx+Ey+F=0.$$

这个方程称为圆的一般方程，其中 $\left(-\frac{D}{2}, -\frac{E}{2}\right)$ 称为圆的圆心坐标，它的半径为

$$r=\frac{\sqrt{D^2+E^2-4F}}{2}.$$

有这个公式，我们可以判定出一个二元二次方程是否为圆的方程，只要保证 $D^2+E^2-4F>0$，xy 这一项系数为零这两点即可.

例 1 写出下列各圆的标准方程.

(1) 圆心为 $(3, 4)$，半径为 5；

(2) 圆经过点 $A(3, -1)$，$B(0, 2)$，$C(4, 0)$.

解 (1) 设所求的圆的标准方程为

$$(x-a)^2+(y-b)^2=r^2$$

因为圆的圆心为(3, 4)，半径为5，也即

$$a=3,\quad b=4,\quad r=5,$$

代入圆的标准方程式可得

$$(x-3)^2+(y-4)^2=5^2.$$

(2) 设所求的圆的标准方程为

$$(x-a)^2+(y-b)^2=r^2.$$

因为 A, B, C 三点在圆上，所以它们都满足圆的方程，即

$$\begin{cases}(3-a)^2+(-1-b)^2=r^2,\\(0-a)^2+(2-b)^2=r^2,\\(4-a)^2+(0-b)^2=r^2.\end{cases}$$

解这个方程组得

$$\begin{cases}a=2,\\b=1,\\r=\sqrt{5}.\end{cases}$$

所求圆的标准方程为

$$(x-2)^2+(y-1)^2=5.$$

例 2 将下列各方程化为圆的标准方程，并写出圆心坐标和圆的半径.

(1) $x^2+y^2+3x+4y+5=0$;

(2) $x^2+y^2-4x-6=0$.

解 (1) 将方程 $x^2+y^2+3x+4y+5=0$ 配方，可得

$$\left(x+\frac{3}{2}\right)^2+(y+2)^2=\frac{5}{4},$$

所求圆的标准方程为 $\left(x+\frac{3}{2}\right)^2+(y+2)^2=\frac{5}{4}$，圆心坐标 $\left(-\frac{3}{2},-2\right)$，半径为$\frac{\sqrt{5}}{2}$.

(2) 将方程 $x^2+y^2-4x-6=0$ 配方，可得

$$(x-2)^2+y^2=10,$$

所求圆的标准方程为 $(x-2)^2+y^2=10$，圆心坐标 $(2,0)$，半径为$\sqrt{10}$.

例 3 一圆形拱桥的水面跨度为 20 m，拱高为 4 m，现有一船高为 10 m，水面以上高为 3 m，试问这条船能否从桥下通过？

解 如下图所示，建立平面直角坐标系，由题意可得

$$|AB|=20\text{ m},\quad |OC|=4\text{ m},$$

要解决这个问题只要找出 P 点是否在圆内或圆上即可.

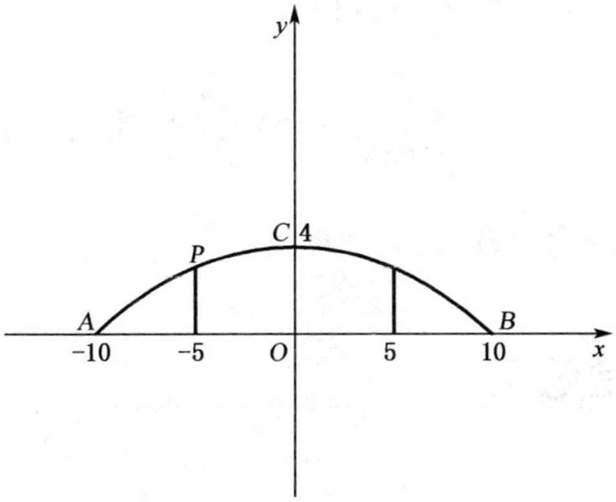

设拱桥所在的圆的方程为

$$(x-a)^2+(y-b)^2=r^2,$$

则由题意知

$$A(-10,0),\quad B(10,0),\quad C(0,4).$$

在圆上，所以有

$$\begin{cases}(-10-a)^2+(0-b)^2=r^2,\\(10-a)^2+(0-b)^2=r^2,\\(0-a)^2+(4-b)^2=r^2.\end{cases}$$

解这个方程组，得

$$\begin{cases}a=0,\\b=-10.5,\\r=14.5.\end{cases}$$

所以圆的方程为

$$x^2+(y+10.5)^2=14.5^2.$$

把 $x=-5$ 代入圆的方程，得

$$y=\frac{\sqrt{741}-21}{2}\approx 3.1107>3\text{（舍去负值）}.$$

即 P 点在圆内，所以这条船能从桥下通过.

课堂练习

1. 将下列圆的标准方程化为圆的一般方程，并求出圆心坐标和半径.

(1) $(x+1)^2+(y-2)^2=4$;

(2) $(x-5)^2+(y-4)^2=7$.

2. 将下列圆的一般方程化为圆的标准方程,并求出圆心坐标和半径.

(1) $x^2+y^2-4x+6y+4=0$;

(2) $x^2+y^2-8x+6=0$.

3. 求圆 $(x+3)^2+(y-4)^2=4$ 的圆心到直线 $y=2x+1$ 的距离.

§4.3 椭圆的方程与性质

椭圆在现实生活中经常会遇到，如地球的运行轨迹、人造地球卫星的运行轨迹都是椭圆形，为了学习的方便，我们先从画椭圆开始.

取一条定长的细绳，把它的两端固定在画图板上，记这两个点为 F_1，F_2，绳子的长度需大于这两点间的距离，用笔尖把绳子拉紧，笔尖在图板上移动一周，就可以画出一个椭圆.

一、椭圆的概念

由画图我们可以得出：在平面直角坐标系中，到两定点 F_1，F_2 的距离之和等于定长的点的轨迹就叫做椭圆.

我们把这两个定点 F_1，F_2 叫做椭圆的焦点；把两定点之间的距离 $|F_1F_2|$ 叫做椭圆的焦距；到两定点之和 $|PF_1|+|PF_2|$ 的值叫做长轴长. 如下图所示.

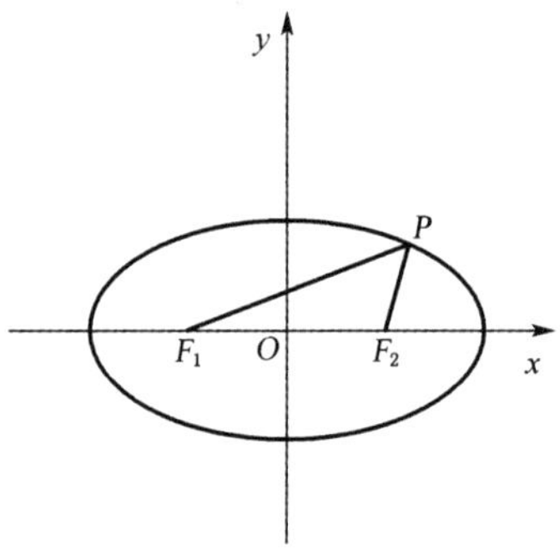

二、椭圆的标准方程

如下图(a)所示，建立平面直角坐标系，使两个定点 F_1，F_2 在 x 轴上，为计算方便，我们一般把 $|F_1F_2|$ 的垂直平分线取作 y 轴.

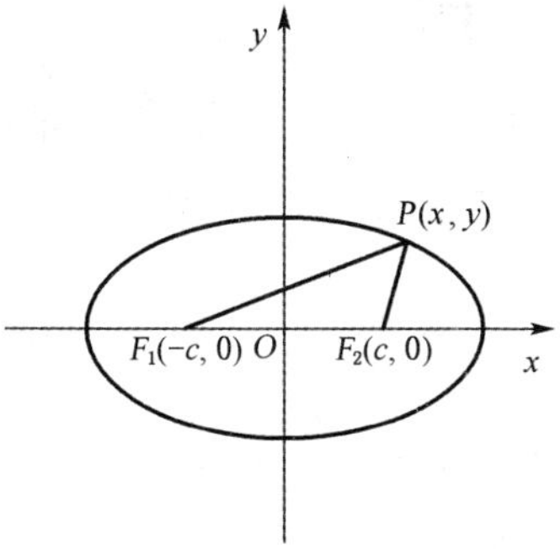

(a)

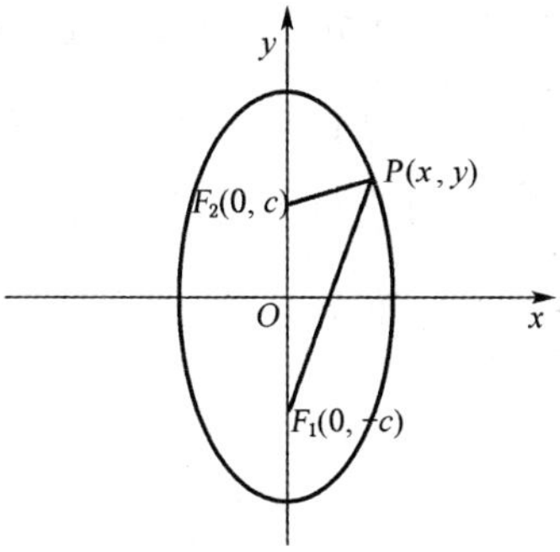

(b)

设椭圆上任意一点为 $P(x, y)$，两个焦点的坐标分别为 $F_1(-c, 0)$，$F_2(c, 0)$，P 点到两焦点的距离之和等于常数 $2a$，则有

$$|PF_1|+|PF_2|=2a.$$

由两点间距离公式，可得

$$PF_1=\sqrt{(x+c)^2+y^2},$$

$$PF_2=\sqrt{(x-c)^2+y^2}.$$

于是

$$|PF_1|+|PF_2|=\sqrt{(x+c)^2+y^2}+\sqrt{(x-c)^2+y^2}=2a,$$

整理得

$$(a^2-c^2)x^2+a^2y^2=a^2(a^2-c^2).$$

令 $b^2=a^2-c^2(b>0)$，代入整理得

$$\frac{x^2}{a^2}+\frac{y^2}{b^2}=1,\quad a>b>0.$$

这个方程表示的是焦点为 $F_1(-c,0)$，$F_2(c,0)$，到两焦点的距离之和等于常数 $2a$ 的椭圆的标准方程.

如图(b)所示，若取经过两个焦点 F_1，F_2 的轴为 y 轴，线段 $|F_1F_2|$ 的垂直平分线取作 x 轴，用同样的方法，可以得到椭圆的另外一个标准方程为

$$\frac{y^2}{a^2}+\frac{x^2}{b^2}=1,\quad a>b>0.$$

这个方程表示的是焦点为 $F_1(0,-c)$，$F_2(0,c)$，到两焦点的距离之和等于常数 $2a$ 的椭圆的标准方程.

在这两个方程中，a，b，c 之间的关系恒为

$$c^2=a^2-b^2.$$

三、椭圆的性质

我们以焦点在 x 轴上的椭圆的标准方程 $\frac{x^2}{a^2}+\frac{y^2}{b^2}=1$，$a>b>0$ 为例来研究一下椭圆的性质，如下图所示.

1. 取值范围

因为 $\frac{x^2}{a^2}\leqslant 1$，$\frac{y^2}{b^2}\leqslant 1$. 所以有

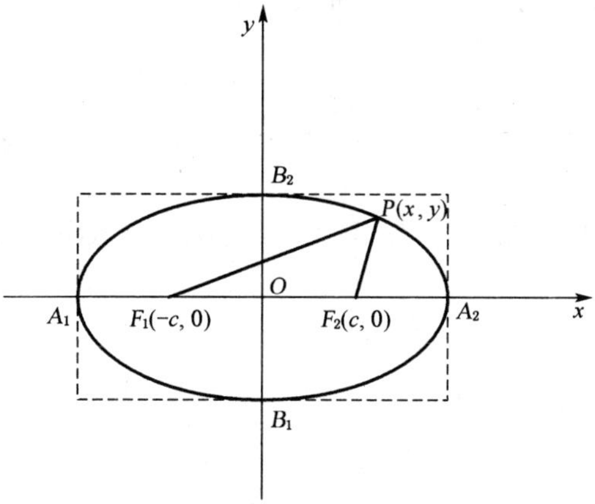

$$-a \leqslant x \leqslant a, \quad -b \leqslant y \leqslant b.$$

也就是说，焦点在 x 轴上的椭圆的标准方程是在以 $x=\pm a$，$y=\pm b$ 所围成的矩形之内.

2. 对称性

我们由函数的图像可以看出，椭圆是关于 x 轴、y 轴、坐标原点对称的图形.

3. 顶点、焦点坐标

我们把椭圆与坐标轴的交点叫做椭圆的顶点，于是，椭圆的顶点坐标分别为 $A_1(-a, 0)$，$A_2(a, 0)$，$B_1(0, -b)$，$B_2(0, b)$.

椭圆的焦点坐标为 $F_1(-c, 0)$，$F_2(c, 0)$.

4. 长轴、短轴、焦距

我们把线段 A_1A_2，B_1B_2，F_1F_2 分别叫做椭圆的长轴、短轴、焦距，它们的长度分别为 $2a$，$2b$，$2c$，把 a 称为椭圆的长半轴长，b 称为椭圆的短半轴长，c 称为椭圆的半焦距.

由 $c^2=a^2-b^2$ 可以看出，椭圆的短轴的端点到两个焦点的距离相等，都等于长半轴长.

例 1 求下列椭圆的长轴长和短轴长，并求它的顶点和焦点坐标.

(1) $\frac{x^2}{5^2}+\frac{y^2}{4^2}=1$； (2) $25x^2+9y^2=225$.

解 (1) 因为 $a>b>0$，所以由椭圆的标准方程可得

$$a=5,\quad b=4,$$

且椭圆的焦点在 x 轴上.

又由 $c^2=a^2-b^2$，可得

$$c^2=5^2-4^2=9,$$

所以 $c=3$.

椭圆的长轴长为 $2a=10$，椭圆的短轴长为 $2b=8$.

由椭圆的焦点在 x 轴上，可得椭圆的顶点坐标为

$$A_1(-5,0),\quad A_2(5,0),\quad B_1(0,-4),\quad B_2(0,4).$$

椭圆的焦点坐标为

$$F_1(-3,0),\quad F_2(3,0).$$

(2) 所给椭圆方程化为标准方程为

$$\frac{x^2}{9}+\frac{y^2}{25}=1.$$

因为 $a>b>0$，所以

$$a=5,\quad b=3,$$

且椭圆焦点在 y 轴上.

又由 $c^2=a^2-b^2$，可得

$$c^2 = 25 - 9 = 16,$$

所以 $c = 4$.

椭圆的长轴长为 $2a = 10$，椭圆的短轴长为 $2b = 6$.

由椭圆的焦点在 y 轴上,可得椭圆的顶点坐标为

$$A_1(0, -5), \quad A_2(0, 5), \quad B_1(-3, 0), \quad B_2(3, 0).$$

椭圆的焦点坐标为

$$F_1(0, -4), \quad F_2(0, 4).$$

例 2 求适合下列条件的椭圆的标准方程.

(1) 椭圆的长轴长为 8,短轴长为 6,且焦点在 y 轴上；

(2) 椭圆经过点 $A(-5, 0)$ 和 $B(0, 4)$.

解 (1) 因为椭圆的焦点在 y 轴上,所以设所求椭圆方程为

$$\frac{y^2}{a^2} + \frac{x^2}{b^2} = 1, \quad a > b > 0.$$

又因为椭圆的长轴长为 8,短轴长为 6,即

$$2a = 8, \quad 2b = 6,$$

所以
$$a = 4, \quad b = 3.$$

所求椭圆的方程为

$$\frac{y^2}{4^2} + \frac{x^2}{3^2} = 1,$$

即

$$\frac{y^2}{16} + \frac{x^2}{9} = 1.$$

(2) 因为椭圆经过点 $A(-5,\ 0)$ 和 $B(0,4)$，且这两个点都在坐标轴上，所以这两个点就是椭圆的两个顶点.

由这两点所在的坐标位置可知：所求椭圆的焦点在 x 轴上，所以设椭圆的标准方程为

$$\frac{x^2}{a^2}+\frac{y^2}{b^2}=1,\quad a>b>0.$$

由椭圆经过点 $A(-5,\ 0)$，可得 $a=5$，由椭圆经过点 $B(0,\ 4)$，可得 $b=4$，所以所求椭圆的标准方程为

$$\frac{x^2}{5^2}+\frac{y^2}{4^2}=1.$$

课堂练习

1. 求椭圆 $16x^2+9y^2=144$ 的标准方程，并求它的长轴长、短轴长、焦距、顶点坐标.

2. 求适合下列条件的椭圆标准方程，并画出简图.

(1) 长轴为 10，短轴为 6，焦点在 x 轴上；

(2) 椭圆经过点 $A(0,\ 13)$ 和 $B(5,\ 0)$.

§4.4 双曲线的方程与性质

一、双曲线的概念

在 4.3 节中我们学习了椭圆的定义，也就是到两定点间距离之和等于定长的点的轨迹. 那么如果到两定点间距离之差，它的定义又如何呢？

我们可以试着取两个小钉钉在平板上，再取两段长度之差比小钉距离要小的细绳，绳子两端分别固定在钉子上，另一端放在一起打结，并且套个铅笔，这样铅笔尖顺势转动过程中就可以画出一条曲线，我们把这样的曲线定义为双曲线的一支，交换绳子，就可以画出双曲线的另外一支.

由上面画图过程我们可以得出：在平面直角坐标系中，到两定点 F_1，F_2 的距离之差的绝对值等于定长的点的轨迹就叫作双曲线.

我们把这两个定点 F_1，F_2 叫做双曲线的焦点；把两定点之间的距离 $|F_1F_2|$ 叫做双曲线的焦距；到两定点之差的绝对值 $||PF_1|-|PF_2||$ 的值叫做实轴长.

二、双曲线的标准方程

如图(a)所示，建立平面直角坐标系，使两个定点 F_1，F_2 在 x

轴上，为计算方便，我们一般把 $|F_1F_2|$ 的垂直平分线取作 y 轴.

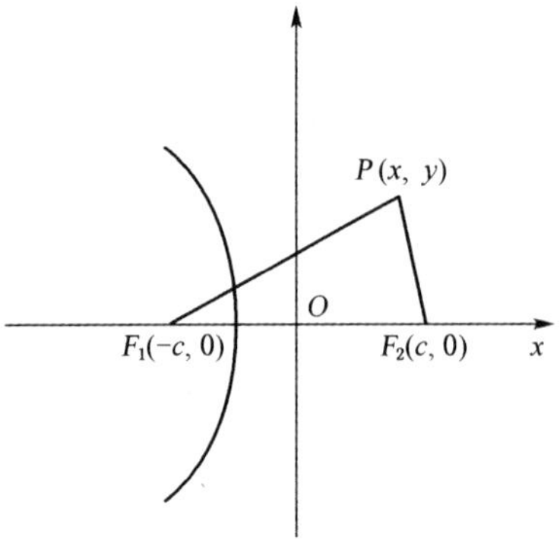

(a)

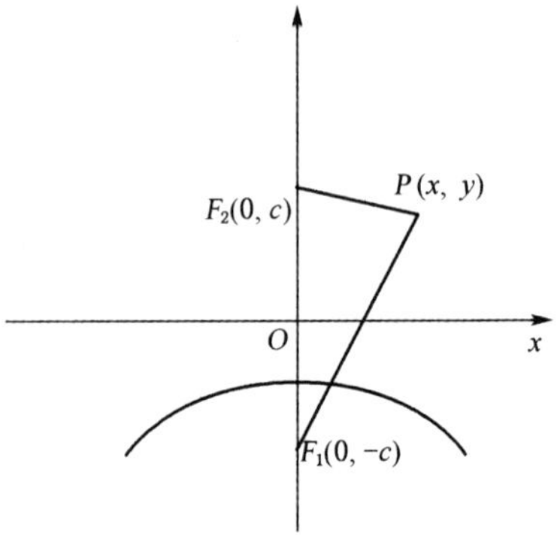

(b)

设双曲线上任意一点为 $P(x, y)$，两个焦点的坐标分别为 $F_1(-c, 0)$ 和 $F_2(c, 0)$，P 点到两焦点的距离之差的绝对值等于常数 $2a$ $(0<a<c)$，则有

$$||PF_1|-|PF_2||=2a.$$

由两点间距离公式，可得

$$PF_1=\sqrt{(x+c)^2+y^2},$$

$$PF_2=\sqrt{(x-c)^2+y^2}.$$

于是

$$||PF_1|-|PF_2||=|\sqrt{(x+c)^2+y^2}-\sqrt{(x-c)^2+y^2}|=2a,$$

整理得

$$(c^2-a^2)x^2-a^2y^2=a^2(c^2-a^2).$$

令 $b^2=c^2-a^2(b>0)$，代入整理得

$$\frac{x^2}{a^2}-\frac{y^2}{b^2}=1,\quad a>0, b>0.$$

这个方程表示的是焦点为 $F_1(-c, 0)$，$F_2(c, 0)$，到两焦点的距离之差的绝对值等于常数 $2a$ 的双曲线的标准方程.

如图(b)所示,若取两个焦点 F_1，F_2 在 y 轴上,线段 $|F_1F_2|$ 的垂直平分线取作 x 轴,用同样的方法,可以得到双曲线的另外一个标准方程为

$$\frac{y^2}{a^2}-\frac{x^2}{b^2}=1,\quad a>0,\ b>0.$$

这个方程表示的是焦点为 $F_1(0, -c)$，$F_2(0, c)$，到两焦点的距离之差的绝对值等于常数 $2a$ 的双曲线的标准方程.

在这两个方程中，a，b，c 之间的关系恒为

$$c^2=a^2+b^2.$$

三、双曲线的性质

我们以焦点在 x 轴上双曲线的标准方程 $\frac{x^2}{a^2}-\frac{y^2}{b^2}=1$，$a>0$，$b>0$ 为例来研究双曲线的性质,如下图所示.

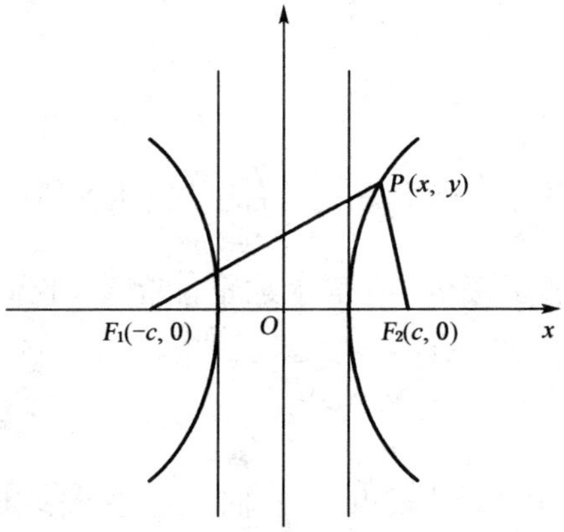

1. 取值范围

由双曲线的标准方程我们不难看出

$$y=\pm\frac{b}{a}\sqrt{x^2-a^2},$$

所以,要使函数有意义,须$\sqrt{x^2-a^2}\geqslant 0$,即

$$x\geqslant a \quad 或 \quad x\leqslant -a.$$

2. 对称性

我们由函数的图像可以看出,双曲线是关于 x 轴、y 轴、坐标原点对称的图形.

3. 顶点、焦点坐标

我们把双曲线与坐标轴的交点叫做双曲线的顶点,于是,双曲线的顶点坐标分别为 $A_1(-a, 0)$, $A_2(a, 0)$, 双曲线的焦点坐标为 $F_1(-c, 0)$, $F_2(c, 0)$.

4. 实轴、虚轴、焦距

我们把双曲线与坐标轴交点的线段叫做双曲线的实轴,把两个交点间的距离叫做双曲线的焦距,它们的长度分别为 $2a$ 和 $2c$, 把 a 称为双曲线的实半轴长, b 称为双曲线的虚半轴长, c 称为双曲线的半焦距.

5. 渐进线

双曲线在左下、左上和右上、右下方向逐渐延伸时,与两条直线 $y=\pm\frac{b}{a}x$ 越来越接近,但是永远不能相交,我们把 $y=\pm\frac{b}{a}x$ 称为双曲线 $\frac{x^2}{a^2}-\frac{y^2}{b^2}=1$ 的渐进线.

同理,我们也可以把焦点在 y 轴上的双曲线的性质和图像列

出来，在这里不做详细介绍.

例 1 求双曲线 $9x^2-16y^2=144$ 的实轴和虚轴的长、焦点和顶点坐标、渐近线方程.

解 把双曲线 $9x^2-16y^2=144$ 化为标准形式为

$$\frac{x^2}{16}-\frac{y^2}{9}=1,$$

所以有 $$a=4,\quad b=3,$$

可得 $$c=\sqrt{a^2+b^2}=5.$$

所以双曲线的实轴长为 $2a=8$，虚轴长为 $2b=6$，且双曲线焦点在 x 轴上.

焦点坐标为 $F_1(-5,0)$ 和 $F_2(5,0)$，顶点坐标为 $(-4,0)$ 和 $(4,0)$，所求双曲线的渐近线方程为

$$y=\pm\frac{b}{a}x=\pm\frac{3}{4}x.$$

课堂练习

1. 判断下列双曲线的焦点坐标，并求出其渐近线方程.

(1) $\frac{x^2}{8}-\frac{y^2}{6}=1$；　　(2) $\frac{y^2}{13}-\frac{x^2}{12}=1$.

2. 求适合下列条件的双曲线的标准方程.

(1) 焦点在 y 轴上，$a=8$，$b=7$；

(2) 焦距是 10，实轴长是 8，焦点在 x 轴上；

(3) 双曲线经过点(2, 3)和点(−4, 5).

3. 已知双曲线的两个焦点坐标为(−8, 0)和(8, 0),双曲线上的点到两个焦点的距离之差的平方为 160,求双曲线的标准方程.

§4.5 抛物线的方程与性质

一、抛物线的概念

抛物线对我们每个学生来说都不陌生，篮球出手的轨迹就是一个标准的抛物线. 至于画图，我们可以取一把直尺固定在平板上，把一块三角板的一条直角 BC 边靠在直尺边缘，在另外一条直角边上适当取一点 A，取一细绳其长等于 AB，将绳子一端固定在 A 处，另一端固定在平板的 F 处，把铅笔放在 AB 边上的一点 P 处，使笔尖将绳拉紧，当三角板紧靠直尺上下滑动时，铅笔随 P 点移动就画出一条曲线，这条曲线我们就定义为抛物线.

由上面画图过程我们可以得出：在平面直角坐标系中，到一定点 F 和一条定直线 l 的距离相等的点的轨迹叫做抛物线.

我们把定点 F 叫做抛物线的焦点，定直线 l 叫做抛物线的准线.

二、抛物线的标准方程

如图所示，取过焦点 F 且垂直于准线 l 的直线作为 x 轴，以 F 点到准线 l 的垂线的垂直平分线为 y 轴，建立平面直角坐标系.

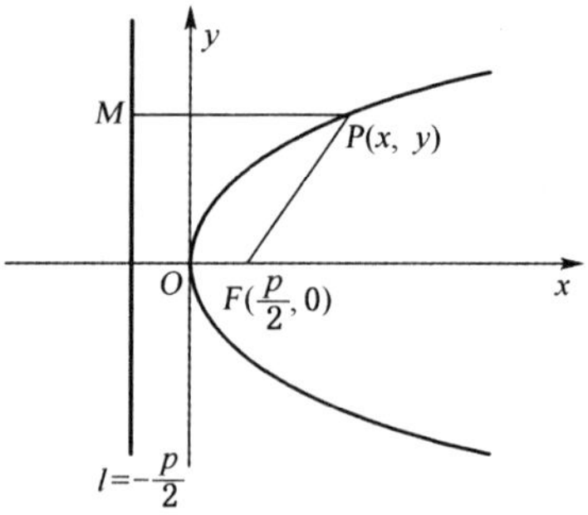

设抛物线上任意一点为 $P(x, y)$，焦点的坐标为 $F\left(\frac{p}{2}, 0\right)$，定直线 l 的方程为 $x=-\frac{p}{2}$，则有

$$|PM|=|PF|.$$

由两点间距离公式，可得

$$|PM|=\left|x+\frac{p}{2}\right|,$$

$$|PF|=\sqrt{\left(x-\frac{p}{2}\right)^2+y^2}.$$

于是

$$\left|x+\frac{p}{2}\right|=\sqrt{\left(x-\frac{p}{2}\right)^2+y^2},$$

整理得

$$y^2=2px \quad (p>0).$$

这个方程就是抛物线焦点在 x 轴正方向上的的标准方程.

由于所给的抛物线在坐标系中位置不同，得到的标准方程也不同，所以，我们将介绍抛物线的以下其他三种形式.

(1) 焦点坐标 $F\left(-\frac{p}{2}, 0\right)$，准线方程 $x=\frac{p}{2}$，抛物线开口向右，标准方程为 $y^2=-2px\ (p>0)$；

(2) 焦点坐标 $F\left(0, \frac{p}{2}\right)$，准线方程 $y=-\frac{p}{2}$，抛物线开口向上，标准方程为 $x^2=2py\ (p>0)$；

(3) 焦点坐标 $F\left(0, -\frac{p}{2}\right)$，准线方程 $y=\frac{p}{2}$，抛物线开口向下，标准方程为 $x^2=-2py\ (p>0)$.

三、抛物线的性质

我们以焦点在 x 轴正半轴上抛物线的标准方程 $y^2=2px\ (p>0)$ 为例来研究抛物线的性质.

1. 取值范围

由抛物线的标准方程 $y^2=2px(p>0)$，我们不难看出：

$$x\geqslant 0,$$

即抛物线的图像都在 y 轴右侧.

2. 对称性

我们由函数的图像可以看出，抛物线是关于 x 轴对称的图形.

3. 顶点、焦点坐标

抛物线的顶点坐标为 $(0, 0)$，抛物线的焦点坐标 $F\left(-\frac{p}{2}, 0\right)$.

4. 准线方程

抛物线 $y^2=2px(p>0)$ 的准线方程为 $x=-\frac{p}{2}$.

同理,我们也可以列出其他三种情况抛物线的性质和图像,在这里不做详细介绍.

例 1 求抛物线 $y=-2x^2$ 的焦点坐标、准线方程.

解 抛物线化为标准形式为

$$x^2=-\frac{1}{2}y,$$

这说明所给抛物线焦点在 y 轴负半轴上,且有

$$-2p=-\frac{1}{2}, \quad 得 \quad p=\frac{1}{4}.$$

故抛物线的焦点坐标为 $F\left(0,-\frac{1}{8}\right)$,

抛物线的准线方程为 $y=\frac{1}{8}$.

例 2 求顶点在坐标原点,且经过点 $M(3,-4)$ 的抛物线方程.

解 因为点 $M(3,-4)$ 在第四象限,所以设抛物线的方程为

$$y^2=2px \quad 或 \quad x^2=-2py \quad (p>0).$$

当抛物线的方程为 $y^2=2px$ 时,把点 $M(3,-4)$ 代入,得

$$p=\frac{8}{3},$$

所求的抛物线方程为

$$y^2=\frac{16}{3}x.$$

当抛物线的方程为 $x^2=-2py$ 时,把点 $M(3,-4)$ 代入,得

$$p = \frac{9}{8},$$

所求的抛物线方程为

$$x^2 = -\frac{9}{4}y.$$

课堂练习

1. 求适合下列条件的抛物线的标准方程.

(1) 顶点在坐标原点，焦点为 $(-4, 0)$；

(2) 顶点在坐标原点，经过点 $(3, 4)$，图像关于 x 轴对称；

(3) 顶点在坐标原点，准线方程为 $y=-8$.

2. 已知抛物线的标准方程为 $y-5x^2=0$，试画出抛物线的图像，求其焦点坐标、准线方程.

3. 某厂生产一种烘箱热能反射罩，其截面为抛物线，电热丝放置在抛物线焦点所形成的直线上，能使热能向一个方向集中辐射. 试根据下图所示尺寸求电热丝到抛物线顶点的距离.

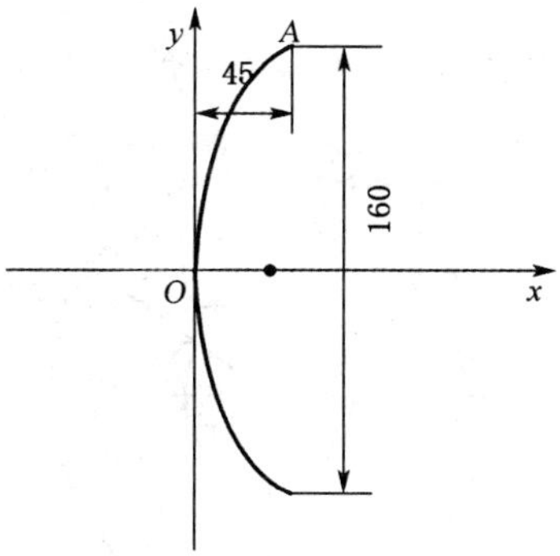

§4.6 参数方程与极坐标

一、参数方程

1. 参数方程的概念

在直角坐标系中，若曲线上任意一点的坐标 $(x,\ y)$ 都可以表示为变量 t 的函数

$$\begin{cases} x = f(t), \\ y = g(t), \end{cases}$$

并且对于 t 的每一个值，都有方程组所确定的点 $(x,\ y)$ 在曲线上，则上面的方程组就叫做曲线的参数方程，变量 t 在这里叫作参数.

2. 曲线的参数方程

例 1 如图所示，以原点为圆心，分别以 a，b 为半径做两个圆，设 $M(x,\ y)$ 为椭圆上任意一点，试求椭圆的标准方程.

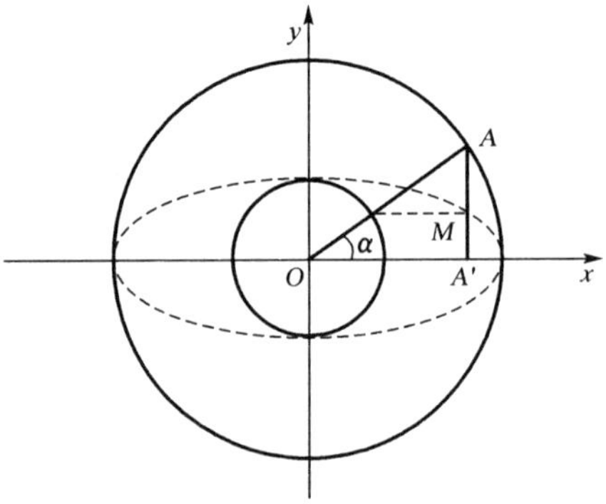

解 如图建立平面直角坐标系，过 M 点作 $MA\perp x$ 轴，垂足为 A' 且交大圆于 A 点，连接 OA，取 $\angle AOA'=\alpha$（参数），则有

$$x=OA'=a\cos\alpha,$$
$$y=A'M=b\sin\alpha,$$

所以椭圆的参数方程为

$$\begin{cases}x=a\cos\alpha,\\ y=a\sin\alpha\end{cases}\quad(\alpha\text{ 为参数}).$$

二、极坐标

1. 极坐标的概念

在平面内任取一点 O，由 O 引射线 Ox，再选定长度单位和角的正方向（取逆时针方向），这样就在平面内建立了一个极坐标系. 其中点 O 称为极点，射线 Ox 称为极轴，角称为极角，线段长称为极径，对于平面内任意一点 P，连接 OP，令 $OP=\rho$，以 Ox 为始边，OP 为终边的角度为 θ，则称有序实数对 $(\rho,\ \theta)$ 为点 P 的极坐标，记作 $P(\rho,\ \theta)$，ρ 为极径，θ 为极角.

关于极坐标有以下几项规定：

(1) 由于 ρ 为线段 OP 的长度，所以 $\rho\geqslant 0$；

(2) 在工科数学中，θ 的取值范围一般为 $(-\pi,\ \pi)$；

(3) 极点的坐标为 $P(0,\ \theta)$，其中 θ 为任意角. 除极点外，平面上任一点与有序实数对 $(\rho,\ \theta)$ 之间是一一对应关系.

2. 曲线的极坐标方程

在极坐标系中，一条曲线用含有 ρ，θ 的方程 $P(\rho,\ \theta)=0$ 来表

示的方程称为曲线的极坐标方程.

例 2 求圆心在 $C(r, 0)$，半径为 r 的圆的极坐标方程.

解 如下图所示，圆周过极点 O，OA 为直径，在直角$\triangle AOP$ 中，

$$OP = OA\cos\theta,$$

所以 $\rho=2r\cos\theta$，即所求圆的极坐标方程为 $\rho=2r\cos\theta$.

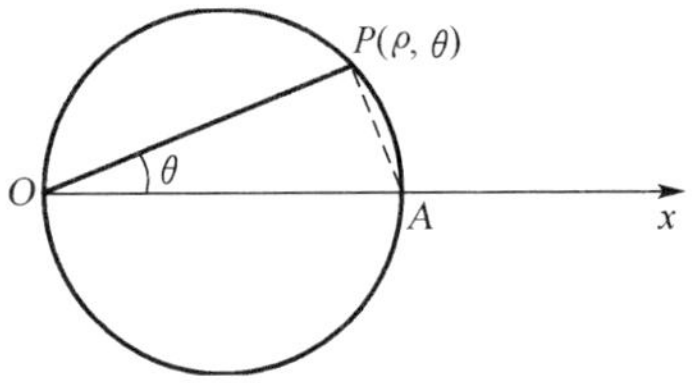

课堂练习

1. 求以点 $M(a, b)$为圆心，r 为半径的圆的参数方程.

2. 作出下列参数方程的图像，并指出它们的图形分别表示的曲线.

(1) $\begin{cases} x=4\cos t, \\ y=5\sin t \end{cases}$ （t 为参数）； (2) $\begin{cases} y=4t^2, \\ y=5t+2 \end{cases}$ （t 为参数）.

3. 在极坐标系中作出下列各点.

(1) $\left(5, \dfrac{\pi}{3}\right)$； (2) $\left(3, -\dfrac{\pi}{3}\right)$； (3) $(2, 0)$.

4. 求圆心在 $M\left(r, \dfrac{\pi}{2}\right)$，半径为 r 的圆的极坐标方程.

第五章　向量与复数

向量，最初被应用于物理学．很多物理量，如力、速度、位移以及电场强度、磁感应强度等都是向量．“向量”一词来自力学、解析几何中的有向线段．大约公元前 350 年前，古希腊著名学者亚里士多德就知道了力可以表示成向量，两个力的组合作用可用著名的平行四边形法则来得到．而最先用有向线段表示向量的则是英国科学家牛顿．

18 世纪末期，挪威测量学家威塞尔首次利用坐标平面上的点来表示复数 $a+bi$(a, b 为有理数，且不同时等于零)，并利用具有几何意义的复数运算来定义向量的运算．把坐标平面上的点用向量表示出来，并把向量的几何表示用于研究几何问题与三角问题．人们逐步接受了复数，也学会了利用复数来表示和研究平面中的向量，向量就这样平静地进入了数学中．

在本章中，我们主要介绍向量和复数的基本概念和性质，向量和复数的基本运算定律等知识点，为我们以后在电学专业中能更好地学习专业课做一个铺垫．

§5.1 向量的概念及运算

一、向量的概念

1. 向量的概念

在现实生活中，有一些量，在采取度量单位后，用一个实数就可以表示，如质量、面积、距离等，它们在数学上被称为数量（或者标量）；另外还有一些量，用一个实数是不能表示的，如位移、力，它们的效果既有大小、又有方向. 在数学上，我们把既有大小又有方向的量称为向量（或矢量），它一般表示为 $\overrightarrow{AB}$，$\overrightarrow{AC}$，…，或者用黑体斜体字母 $\boldsymbol{a}$，$\boldsymbol{b}$，$\boldsymbol{c}$，… 表示，我们一般手写用 $\vec{a}$，$\vec{b}$，$\vec{c}$ 表示.

向量有两个要素：大小和方向. 向量的大小叫作向量的模，记作 $|\overrightarrow{AB}|$；向量的方向用它与 x 轴正方向的夹角 $\theta(-180°<\theta\leqslant 180°)$ 表示.

同时，对于向量还有这样的规定：

(1) 大小为 0 的向量叫做零向量，记作 $\mathbf{0}$，它的方向是任意的；

(2) 大小为 1 的向量叫做单位向量，一般用 $\boldsymbol{i}$，$\boldsymbol{j}$，$\boldsymbol{k}$ 表示.

2. 向量间的关系及表示方法

(1) 大小相等且方向相同的向量称为相等向量，记作 $\boldsymbol{a}=\boldsymbol{b}$；

(2) 方向相同或相反的向量称为平行向量，记作 $\boldsymbol{a}\,/\!/\,\boldsymbol{b}$，零向量与任何向量都平行；

(3) 大小相等方向相反的向量称为相反向量，记作 $\boldsymbol{a}=-\boldsymbol{b}$，零向量的相反向量是他本身；

(4) 如果两个向量夹角为90°，称为两向量垂直，记作 $\boldsymbol{a}\perp\boldsymbol{b}$. 向量常用有向线段表示，且表示的时候，与它的起点位置无关，只与大小和方向有关. 因此，我们常常把相等向量、相反向量、平行向量统称为共线向量.

二、向量的线性运算

1. 向量的加法

已知两个向量 $\boldsymbol{a}$，$\boldsymbol{b}$，在平面内任取一点 O，作 $\overrightarrow{OA}=\boldsymbol{a}$，$\overrightarrow{AB}=\boldsymbol{b}$，则向量 $\overrightarrow{OB}$ 叫做 $\boldsymbol{a}$，$\boldsymbol{b}$ 的和，记作 $\overrightarrow{OB}=\boldsymbol{a}+\boldsymbol{b}$. 求向量和的运算，叫作向量的加法，这种作图求向量和的方法叫做三角形法则.

需要特别说明的是，在三角形法则中，因为 O 点的位置是任意的，所以我们如果把求和的其中一个向量的起点取作 O 点，就可以使作图简化.

2. 向量的减法

已知两个向量 $\boldsymbol{a}$，$\boldsymbol{b}$，在平面内取一点 O，作 $\overrightarrow{OA}=\boldsymbol{a}$，$\overrightarrow{AB}=-\boldsymbol{b}$，则向量 $\overrightarrow{OB}=\boldsymbol{a}+(-\boldsymbol{b})=\boldsymbol{a}-\boldsymbol{b}$. 我们把 $\boldsymbol{a}-\boldsymbol{b}$ 叫做 $\boldsymbol{a}$，$\boldsymbol{b}$ 的差，即减去一个向量，等于加上这个向量的相反向量. 求向量差的运算，叫做向量的减法.

3. 向量的数乘

我们规定任意实数 λ 与向量 $\boldsymbol{a}$ 的乘积 $\lambda\boldsymbol{a}$ 叫做向量的数乘. 它的大小与方向有如下规定：

(1) $|\lambda\boldsymbol{a}|=|\lambda||\boldsymbol{a}|$；

(2) 当$\lambda>0$时,$\lambda \boldsymbol{a}$ 的方向与$\boldsymbol{a}$ 的方向一致,当$\lambda<0$时,$\lambda \boldsymbol{a}$ 的方向与 $\boldsymbol{a}$ 的方向相反.

我们由向量的数乘的定义可以得到,对于两个向量 $\boldsymbol{a}$, $\boldsymbol{b}$,如果存在实数λ,使得$\boldsymbol{b}=\lambda \boldsymbol{a}$,那么$\boldsymbol{a}$与$\boldsymbol{b}$共线;反过来,如果$\boldsymbol{a}$与$\boldsymbol{b}$共线,那么存在实数$\lambda$,使得 $\boldsymbol{b}=\lambda \boldsymbol{a}$.

三、向量的数量积

已知两个向量$\boldsymbol{a}$, $\boldsymbol{b}$,它们的夹角为$\theta(0°\leqslant\theta\leqslant 180°)$,我们把数量$|\boldsymbol{a}||\boldsymbol{b}|\cos\theta$叫做向量$\boldsymbol{a}$ 与$\boldsymbol{b}$ 的数量积(或内积),记作$\boldsymbol{a}\cdot\boldsymbol{b}$,也即$\boldsymbol{a}\cdot\boldsymbol{b}=|\boldsymbol{a}||\boldsymbol{b}|\cos\theta$.

由向量数量积的定义可以看出,向量的数量积是一个数量,其大小与两个向量模的大小及其夹角有关,由此,可以得到如下结论:

(1) 零向量与任何一个向量的数量积为零.

(2) 若$\boldsymbol{a}$, $\boldsymbol{b}$同向,$\cos\theta=\cos 0°=1$, $\boldsymbol{a}\cdot\boldsymbol{b}=|\boldsymbol{a}||\boldsymbol{b}|\cos\theta=|\boldsymbol{a}||\boldsymbol{b}|$;若$\boldsymbol{a}$, $\boldsymbol{b}$反向,$\cos\theta=\cos 180°=-1$, $\boldsymbol{a}\cdot\boldsymbol{b}=|\boldsymbol{a}||\boldsymbol{b}|\cos\theta=-|\boldsymbol{a}||\boldsymbol{b}|$.

(3) 当$\boldsymbol{a}\perp\boldsymbol{b}$时,其夹角为$90°$, $\boldsymbol{a}\cdot\boldsymbol{b}=|\boldsymbol{a}||\boldsymbol{b}|\cos 90°=0$.

(4) $(\boldsymbol{a})^2=\boldsymbol{a}\cdot\boldsymbol{a}=|\boldsymbol{a}|^2$.

(5) 向量的数量积满足交换律、结合律和对加法的分配率.

例 1 如图所示,设$\overrightarrow{AB}=\boldsymbol{a}$, $\overrightarrow{AD}=\boldsymbol{b}$,试用$\boldsymbol{a}$, $\boldsymbol{b}$表示向量$\overrightarrow{MC}$, $\overrightarrow{MA}$, $\overrightarrow{MD}$, $\overrightarrow{MB}$.

解 因为 $\overrightarrow{AC}=\overrightarrow{AB}+\overrightarrow{AD}=\boldsymbol{a}+\boldsymbol{b}$,

所以 $\overrightarrow{MC}=\frac{1}{2}\overrightarrow{AC}=\frac{1}{2}(\boldsymbol{a}+\boldsymbol{b})$,

$\overrightarrow{MA}=-\frac{1}{2}\overrightarrow{AC}=-\frac{1}{2}(\boldsymbol{a}+\boldsymbol{b})$.

因为 $\overrightarrow{MD}=\frac{1}{2}\overrightarrow{BD}=\frac{1}{2}(\boldsymbol{b}-\boldsymbol{a})$,

所以 $\overrightarrow{MB}=-\frac{1}{2}\overrightarrow{BD}=\frac{1}{2}(\boldsymbol{a}-\boldsymbol{b})$.

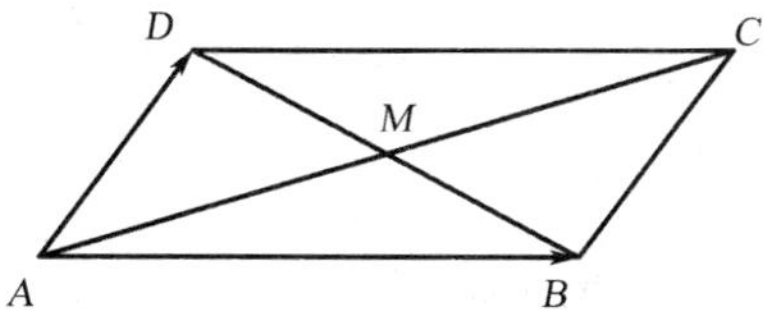

例 2 已知非零向量 $\boldsymbol{a}$, $\boldsymbol{b}$ 的夹角为 θ,求 θ 为何值时,$\boldsymbol{a}\cdot\boldsymbol{b}>0$? $\boldsymbol{a}\cdot\boldsymbol{b}<0$? $\boldsymbol{a}\cdot\boldsymbol{b}=0$?

解 由向量的数量积定义 $\boldsymbol{a}\cdot\boldsymbol{b}=|\boldsymbol{a}||\boldsymbol{b}|\cos\theta$ 可知

要使非零向量 $\boldsymbol{a}\cdot\boldsymbol{b}>0$,须 $\cos\theta>0$,即 $0\leqslant\theta<\frac{\pi}{2}$;

要使非零向量 $\boldsymbol{a}\cdot\boldsymbol{b}<0$,须 $\cos\theta<0$,即 $\frac{\pi}{2}<\theta\leqslant\pi$;

要使非零向量 $\boldsymbol{a}\cdot\boldsymbol{b}=0$,须 $\cos\theta=0$,即 $\theta=\frac{\pi}{2}$.

课堂练习

1. 画出任意向量 $\boldsymbol{a}$, $\boldsymbol{b}$,分别求 $m=2\boldsymbol{a}$, $n=2\boldsymbol{b}$, $p=2\boldsymbol{a}-\boldsymbol{b}$, $q=2\boldsymbol{a}+3\boldsymbol{b}$.

2. 判断下列结论是否成立.

(1) $\boldsymbol{a}$ 是向量,$\boldsymbol{a}^2$ 还是向量;

(2) 向量的运算结果还是向量;

(3) $\boldsymbol{a}\cdot\boldsymbol{b}$ 的正负取决于 $\boldsymbol{a}$, $\boldsymbol{b}$ 的方向;

(4) $(\boldsymbol{a}\cdot\boldsymbol{b})\cdot\boldsymbol{c}=\boldsymbol{a}\cdot(\boldsymbol{b}\cdot\boldsymbol{c})$.

3. 试讨论拉一物体向前运动,怎样拉才比较省力?为什么?

§5.2 向量的坐标运算

一、平面向量的坐标

在上一节的作图计算向量运算时，我们不能有效地计算出向量的大小，那么我们如何解决对向量的精确计算呢？我们知道，在平面直角坐标系中，平面内的任何一个点都可以在坐标系中用一组有序实数对来表示，如果把向量放入平面直角坐标系中来研究，就能利用坐标来进行精确计算.

定义　我们把向量 $\boldsymbol{a}$ 的起点放在坐标系的坐标原点 O，则终点 A 对应的坐标 $A(x,\ y)$ 就称为向量的坐标，记作 $\boldsymbol{a}=\overrightarrow{OA}=(x,\ y)$.

由向量的坐标定义，我们可以得出：

(1) 零向量的坐标为 $\boldsymbol{0}=(0,\ 0)$；

(2) 与 x 轴同向的单位向量记作 $\boldsymbol{i}$，则 $\boldsymbol{i}=(1,\ 0)$；

(3) 与 y 轴同向的单位向量记作 $\boldsymbol{j}$，则 $\boldsymbol{j}=(0,\ 1)$；

(4) 对任意向量 $\boldsymbol{a}=(x,\ y)$，都可以用等式 $\boldsymbol{a}=x\boldsymbol{i}+y\boldsymbol{j}$ 表示；

(5) $\boldsymbol{a}=(x,\ y)$，则 $|\boldsymbol{a}|=|\overrightarrow{OA}|=\sqrt{x^2+y^2}$.

二、向量的坐标法运算

1. 向量的和、差、数乘的坐标法运算

如图所示，设向量 $\overrightarrow{OA}=(x_1,\ y_1)$，$\overrightarrow{OB}=(x_2,\ y_2)$，$\overrightarrow{OC}=$

(x, y)，则由图可以看出

$$\overrightarrow{OC}=(x, y)=\overrightarrow{OA}+\overrightarrow{OB}=(x_1, y_1)+(x_2, y_2)$$
$$=(x_1+x_2, y_1+y_2).$$

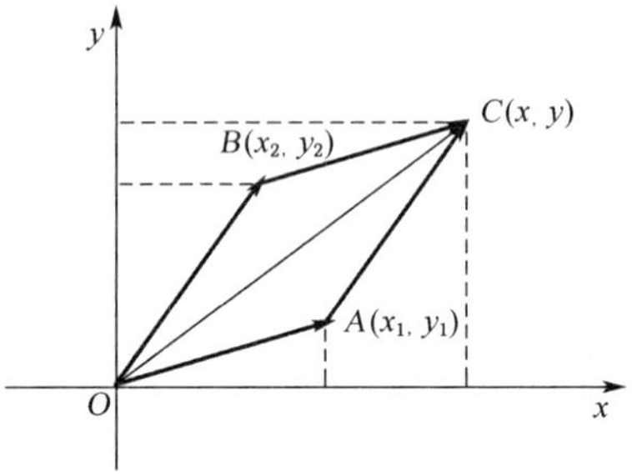

也就是说，两个向量相加，横坐标之和等于和向量的横坐标，纵坐标之和等于和向量的纵坐标.

同理，也可以得出，两向量相减，横坐标之差等于差向量的横坐标，纵坐标之差等于差向量的纵坐标，即

$$\overrightarrow{OA}-\overrightarrow{OB}=(x_1, y_1)-(x_2, y_2)=(x_1-x_2, y_1-y_2).$$

数乘向量，等于原向量横坐标和纵坐标都同时乘以所给的数作为横坐标和纵坐标，即

$$\lambda\overrightarrow{OA}=(\lambda x_1, \lambda y_1).$$

例 1　如图所示，已知 $A(x_1, y_1)$，$B(x_2, y_2)$，求向量$\overrightarrow{AB}$的坐标.

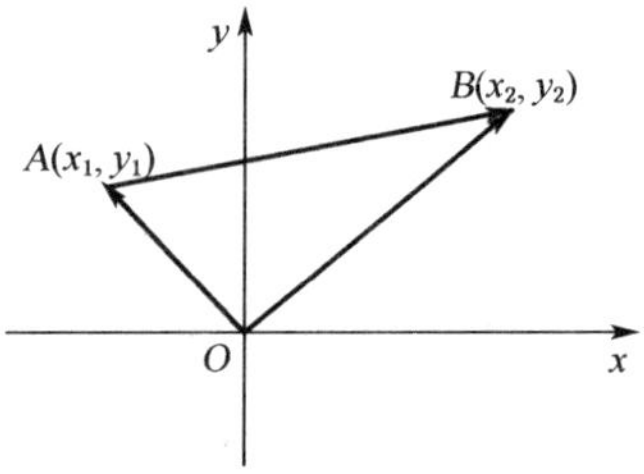

解 作向量 $\overrightarrow{OA}=(x_1, y_1)$，$\overrightarrow{OB}=(x_2, y_2)$，则

$$\overrightarrow{AB}=\overrightarrow{OB}-\overrightarrow{OA}=(x_2, y_2)-(x_1, y_1)=(x_2-x_1, y_2-y_1).$$

由此可见，向量的坐标，等于其终点的坐标减去起点的坐标，即若 $A(x_1, y_1)$，$B(x_2, y_2)$，则 $\overrightarrow{AB}=(x_2-x_1, y_2-y_1)$.

2. 向量数量积的坐标法运算

若向量 $\boldsymbol{a}=(x_1, y_1)$，$\boldsymbol{b}=(x_2, y_2)$，则 $\boldsymbol{a}\cdot\boldsymbol{b}=x_1x_2+y_1y_2$.

三、向量间关系的坐标法表示

设非零向量 $\boldsymbol{a}=(x_1, y_1)$，$\boldsymbol{b}=(x_2, y_2)$，则有：

(1) 相等关系：$\boldsymbol{a}=\boldsymbol{b}\Leftrightarrow\begin{cases}x_1=x_2,\\ y_1=y_2;\end{cases}$

(2) 相反关系：$\boldsymbol{a}=-\boldsymbol{b}\Leftrightarrow\begin{cases}x_1=-x_2,\\ y_1=-y_2;\end{cases}$

(3) 共线关系：$\boldsymbol{a}\parallel\boldsymbol{b}\Leftrightarrow x_1y_2=x_2y_1$；

(4) 垂直关系：$\boldsymbol{a}\perp\boldsymbol{b}\Leftrightarrow x_1x_2+y_1y_2=0$；

(5) 两个向量的夹角：由 $\boldsymbol{a}\cdot\boldsymbol{b}=|\boldsymbol{a}||\boldsymbol{b}|\cos\theta$，可得

$$\cos\theta=\frac{\boldsymbol{a}\cdot\boldsymbol{b}}{|\boldsymbol{a}||\boldsymbol{b}|}=\frac{x_1x_2+y_{=}1y_2}{\sqrt{x_1^2+y_1^2}\sqrt{x_2^2+y_2^2}}.$$

例 1 已知向量 $\boldsymbol{a}=(-2, 1)$，$\boldsymbol{b}=(1, 2)$，求数量积 $\boldsymbol{a}\cdot\boldsymbol{b}$ 及它们的夹角 θ.

解 由向量数量积的坐标法运算法则可得

$$\boldsymbol{a}\cdot\boldsymbol{b}=(-2, 1)\cdot(1, 2)=-2\times1+1\times2=0.$$

又因为 $$\boldsymbol{a}\cdot\boldsymbol{b}=|\boldsymbol{a}||\boldsymbol{b}|\cos\theta,$$

所以 $$\cos\theta=0,$$

即 $$\theta=\frac{\pi}{2}.$$

课堂练习

1. 已知向量 $\boldsymbol{a}=(-2, 5)$, $\boldsymbol{b}=(3, 4)$,

(1) 在平面直角坐标系中作出这两个向量;

(2) 求 $\boldsymbol{a}+\boldsymbol{b}$, $\boldsymbol{a}-2\boldsymbol{b}$, $\boldsymbol{a}\cdot\boldsymbol{b}$,并作出它们的图.

2. 已知 $\boldsymbol{a}=(\sqrt{3}, 3)$, $\boldsymbol{b}=(5, 0)$,求 $\boldsymbol{a}$, $\boldsymbol{b}$ 的夹角.

3. 已知 $\boldsymbol{a}=(5, 3)$, $\boldsymbol{b}=(x, 6)$,求当 x 为何值时

(1) $\boldsymbol{a}$, $\boldsymbol{b}$ 互相垂直;

(2) $\boldsymbol{a}$, $\boldsymbol{b}$ 互相平行.

§5.3 复数的概念及性质

一、复数的概念

我们都知道，方程 $x^2+1=0$ 无实根，因为在实数范围内，-1 不能开平方，而在现实生活中，我们又经常遇到这种问题. 为解决这一问题，数学上引入一个新数，这个数就是 i. 为了和电流区别开，我们在工科数学上也经常用小写字母 j 表示，本书也把它用 j 表示.

1. 虚数单位

规定：

(1) $\mathrm{j}^2=-1$；

(2) j 可以和实数一起进行四则运算.

根据上面的规定，我们可以得出以下结论：

(1) 对于任意整数 n，有

$$\mathrm{j}^{4n}=1,\quad \mathrm{j}^{4n+1}=\mathrm{j},\quad \mathrm{j}^{4n+2}=-1,\quad \mathrm{j}^{4n+3}=-\mathrm{j};$$

(2) 与实数一样，有

$$\mathrm{j}^0=1,\quad \frac{1}{\mathrm{j}^n}=\mathrm{j}^{-n}.$$

(3) 与实数一样，具有交换律、结合律、分配率等.

2. 复数的概念

定义 对于任意实数 a，b，形如 $a+b\mathrm{j}$ 的数称为复数. 在这里，

我们把 a 叫做复数的实部，b 叫做复数的虚部，复数通常用字母 z，ω，… 来表示，即 $z=a+b\mathrm{j}$，复数集用黑正体大写字母 $\mathbf{C}$ 表示.

在学习完复数后，我们把数的概念在实数的基础上又进行了扩展，这时我们把实数变成复数的一部分，具体分类如下：

$$\text{复数}(z=a+b\mathrm{j})\begin{cases}\text{实数}(b=0)\begin{cases}\text{有理数;}\\\text{无理数.}\end{cases}\\\text{虚数}(b\neq 0)\begin{cases}\text{纯虚数}(a=0)\text{;}\\\text{非纯虚数}(a\neq 0)\text{.}\end{cases}\end{cases}$$

3. 复数间关系

(1) 如果两个复数的实部和虚部分别相等，则称这两个复数相等，即

$$a+b\mathrm{j}=c+d\mathrm{j}\Leftrightarrow\begin{cases}a=c,\\b=d.\end{cases}$$

(2) 如果两个复数实部相等、虚部互为相反数，则称这两个复数互为共轭复数，记作 $\bar{z}$，即 $z=a+b\mathrm{j}$ 的共轭复数为 $\bar{z}=a-b\mathrm{j}$.

(3) 两个实数可以比较大小，两个不全是实数的复数不能比较大小.

二、复数的几何表示

1. 复数的坐标表示

我们知道，平面上的一个点可以在坐标系中用一组有序实数对表示出来，而对于复数 $z=a+b\mathrm{j}$ 来说，它的实部和虚部也是有序

的，所以我们可以把复数 $z = a + b\mathrm{j}$ 与平面上的一个有序实数对 $Z(a, b)$ 之间构成一一对应关系，如图所示.

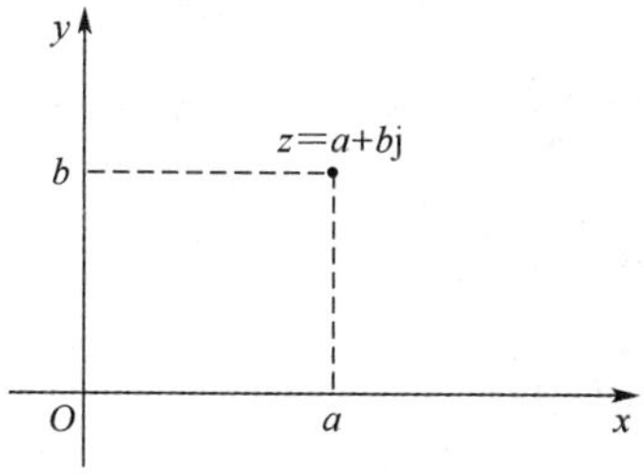

这种用建立直角坐标系来表示复数的平面叫做复平面，在这个复平面内，用来表示实部 a 的点都在 x 轴上，所以我们称 x 轴为实轴；用来表示虚部 b 的点都在 y 轴(原点除外)，所以我们称 y 轴(除去原点)为虚轴.

2. 复数的向量表示

我们在学习向量时，可以把向量放入平面直角坐标系中对应的点来计算向量，向量的终点和坐标系中点的坐标是一一对应关系. 同样，复数也和坐标系中点的坐标一一对应. 这样，我们就可以把复数和向量通过平面直角坐标系形成一种关系，复数也就自然可以用向量来表示，即

$z = a + b\mathrm{j} \Leftrightarrow Z(a, b) \Leftrightarrow \overrightarrow{OZ}(a, b)$，如图所示.

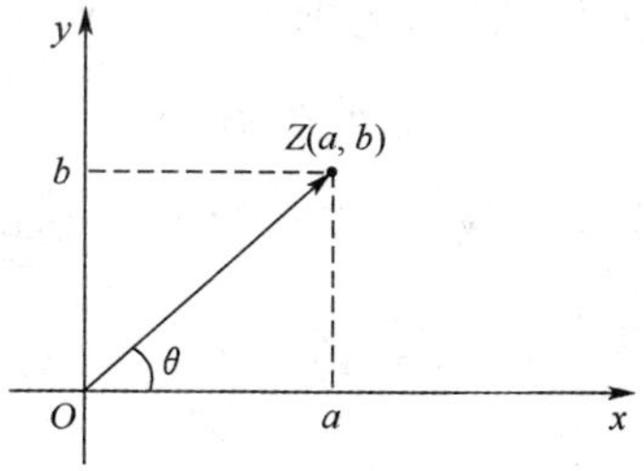

我们把向量 $\overrightarrow{OZ}$ 与 x 轴正方向的夹角 θ 叫做复数 $z=a+b\mathrm{j}$ 的辐角，非零复数的辐角有无穷多个，它们彼此相差 $360^\circ k\ (k\in\mathbf{Z})$，我们把 $\theta\in(-180^\circ, 180^\circ]$ 的辐角叫做复数 $z=a+b\mathrm{j}$ 的主辐角；向量 $\overrightarrow{OZ}$ 得到的模也叫做复数 $z=a+b\mathrm{j}$ 的模，通常用 r 表示，即

$$r=|\overrightarrow{OZ}|=|z|=|a+b\mathrm{j}|=\sqrt{a^2+b^2}.$$

由此，我们也可以得出下面结论：

(1) 两复数相等，当且仅当它们的模相等，主辐角相等；

(2) 零向量的方向是任意的，所以复数 0 的辐角也是任意的.

例 1 在复数范围内求解下列方程.

(1) $x^2+1=0$；　　(2) $(x-1)^2=3$.

解 (1) 因为在复数范围内，$\mathrm{j}^2=-1, (-\mathrm{j})^2=-1$，

所以由 $x^2+1=0$，可得 $x^2=-1$，

故方程的解 $x_1=\mathrm{j},\ x_2=-\mathrm{j}$.

(2) 因为 $(x-1)^2=-3$，

所以 $x-1=\pm\sqrt{-3}=\pm\sqrt{3}\mathrm{j}$，

故 $x=1\pm\sqrt{3}\mathrm{j}$.

即所求方程的解 $x_1=1+\sqrt{3}\mathrm{j},\ x_2=1-\sqrt{3}\mathrm{j}$.

例 2 当 a, b 为何值时，复数 $z=(2-a)+(3+4b)\mathrm{j}$ 是

(1) 实数；　　(2) 纯虚数.

解 (1) 当复数为实数时，要求复数的虚部为 0，即

$$3+4b=0,$$

$$b=-\frac{3}{4}.$$

也就是说，当 $b=-\frac{3}{4}$ 时，复数为实数.

(2) 当复数的实部为 0，虚部不为 0 时，复数为纯虚数，即

$$\begin{cases}2-a=0,\\3+4b\neq 0.\end{cases}$$

解之得

$$\begin{cases}a=2,\\b\neq -\frac{3}{4}.\end{cases}$$

此时，复数为纯虚数.

课堂练习

1. 计算.

(1) j^{2013}； (2) $\mathrm{j}^{-4}\times \mathrm{j}^{5}\times(-2\mathrm{j})$； (3) j^{-35}.

2. 求下列方程中的实数 a，b.

(1) $(2a+b)+(3b-2)\mathrm{j}=3+2\mathrm{j}$；

(2) $(a-b)+(3a+2)\mathrm{j}=0$.

3. 在复平面内做出下列复数及其共轭复数所对应的向量.

(1) $z=3+4\mathrm{j}$； (2) $z=-3+\mathrm{j}$；

(3) $z=-5\mathrm{j}$； (4) $z=8$.

§5.4 复数的表示形式及运算法则

一、复数的表示形式

1. 复数的表示形式

(1) 代数形式. 形如 $z=a+b\mathrm{j}$ 的形式称为复数的代数形式.

(2) 三角形式. 形如 $z=r(\cos\theta+\mathrm{j}\sin\theta)$ 的形式称为复数的三角形式.

(3) 指数形式. 形如 $z=r\mathrm{e}^{\mathrm{j}\theta}$ 的形式称为复数的指数形式.

(4) 极坐标形式. 形如 $z=r\angle\theta$ 的形式称为复数的极坐标形式.

2. 复数四种形式的互化

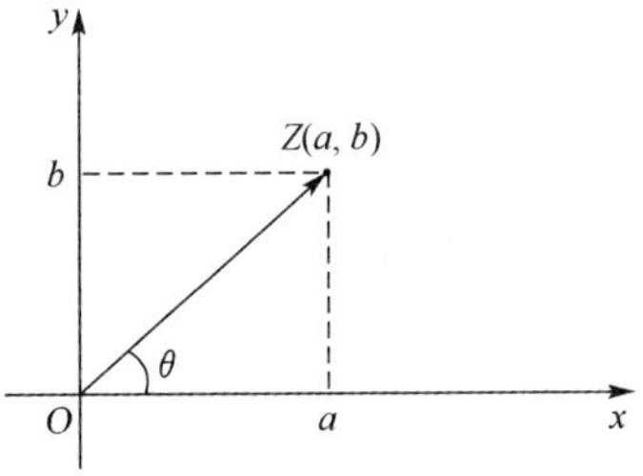

在上一节我们学习复数的几何表示时，如图所示，对于复数 $z=a+b\mathrm{j}$，可得

$$\begin{cases} r=\sqrt{a^2+b^2}, \\ \tan\theta=\dfrac{b}{a}, \end{cases}$$

或者反过来我们也可以得到

$$\begin{cases} a = r\cos\theta, \\ b = r\sin\theta. \end{cases}$$

因此,复数的代数形式和三角形式的互化就可以利用这两组公式来展开.

在高等数学中,有一个欧拉公式,即 $z=\cos\theta+\mathrm{j}\sin\theta=\mathrm{e}^{\mathrm{j}\theta}$,$\theta$ 为复数 z 的主辐角,用弧度制表示,因此,复数的指数形式实际上是复数三角形式的一种化简形式. 同样,复数的极坐标形式也是三角形式的一种简化形式,它的主辐角没有什么限制,可以用弧度制表示,也可以用度数表示.

例 1 把下列复数化为三角形式、指数形式、极坐标形式.

(1) $z=\dfrac{\sqrt{3}}{2}+\dfrac{1}{2}\mathrm{j}$; (2) $z=1-\mathrm{j}$; (3) $z=2\mathrm{j}$.

解 (1) 因为 $r=\sqrt{a^2+b^2}=\sqrt{\left(\dfrac{\sqrt{3}}{2}\right)^2+\left(\dfrac{1}{2}\right)^2}=1$,

$\tan\theta=\dfrac{b}{a}=\dfrac{\dfrac{1}{2}}{\dfrac{\sqrt{3}}{2}}=\dfrac{\sqrt{3}}{3}$,且点 $\left(\dfrac{\sqrt{3}}{2},\dfrac{1}{2}\right)$ 在第 Ⅰ 象限,

所以 $\theta=\dfrac{\pi}{6}$.

故复数的三角形式 $z=\cos\dfrac{\pi}{6}+\mathrm{j}\sin\dfrac{\pi}{6}$;

复数的指数形式 $z=\mathrm{e}^{\mathrm{j}\frac{\pi}{6}}$;

复数的极坐标形式 $z=1\angle\dfrac{\pi}{6}$.

(2) 因为 $r=\sqrt{a^2+b^2}=\sqrt{1^2+(-1)^2}=\sqrt{2}$,

$\tan\theta=\dfrac{b}{a}=\dfrac{-1}{1}=-1$,且点(1, −1)在第Ⅳ象限,

所以 $\theta=-\dfrac{\pi}{4}$.

故复数的三角形式 $z=\sqrt{2}\left[\cos\left(-\dfrac{\pi}{4}\right)+\mathrm{j}\sin\left(-\dfrac{\pi}{4}\right)\right]$;

复数的指数形式 $z=\sqrt{2}\mathrm{e}^{-\mathrm{j}\frac{\pi}{4}}$;

复数的极坐标形式 $z=\sqrt{2}\angle{-\frac{\pi}{4}}$.

(3) 因为 $r=\sqrt{a^2+b^2}=\sqrt{(2)^2}=2$,

且点(0, 2)在 y 轴的正半轴上,

所以 $\theta=\dfrac{\pi}{2}$.

故复数的三角形式 $z=2\left(\cos\dfrac{\pi}{2}+\mathrm{j}\sin\dfrac{\pi}{2}\right)$;

复数的指数形式 $z=2\mathrm{e}^{\mathrm{j}\frac{\pi}{2}}$;

复数的极坐标形式 $z=2\angle{\frac{\pi}{2}}$.

二、复数的运算法则

1. 复数代数形式的四则运算

(1) 加减运算

两个复数相加减,等于复数的实部和虚部分别相加减,即

$$(a+b\mathrm{j})\pm(c+d\mathrm{j})=(a\pm c)+(b\pm d)\mathrm{j}.$$

(2) 乘法运算

复数的乘法运算,按多项式的乘法运算展开,并把实部、虚部分别相加,即

$$(a+b\mathrm{j})(c+d\mathrm{j})=(ac-bd)+(bc+ad)\mathrm{j}.$$

(3) 除法运算

两个复数相除,把分子、分母同乘以分母的共轭复数(分母有理化),然后把所得的结果化简成 $z=a+b\mathrm{j}$ 形式,即

$$\frac{a+b\mathrm{j}}{c+d\mathrm{j}}=\frac{(a+b\mathrm{j})(c-d\mathrm{j})}{(c+d\mathrm{j})(c-d\mathrm{j})}=\frac{ac+bd}{c^2+d^2}+\frac{bc-ad}{c^2+d^2}\mathrm{j}.$$

2. 复数三角形式的运算

设复数 $z_1=r_1(\cos\theta_1+\mathrm{j}\sin\theta_1)$, $z_2=r_2(\cos\theta_2+\mathrm{j}\sin\theta_2)$.

(1) 乘法运算

两个复数相乘,积的模等于两个复数模的积,积的主辐角等于两个复数主辐角的和,即

$$z_1\cdot z_2=r_1r_2[\cos(\theta_1+\theta_2)+\mathrm{j}\sin(\theta_1+\theta_2)].$$

证明

$$\begin{aligned}z_1\cdot z_2&=r_1(\cos\theta_1+\mathrm{j}\sin\theta_1)\cdot r_2(\cos\theta_2+\mathrm{j}\sin\theta_2)\\&=r_1r_2(\cos\theta_1+\mathrm{j}\sin\theta_1)(\cos\theta_2+\mathrm{j}\sin\theta_2)\\&=r_1r_2[(\cos\theta_1\cos\theta_2-\sin\theta_1\sin\theta_2)+\\&\quad\mathrm{j}(\sin\theta_1\cos\theta_2+\cos\theta_1\sin\theta_2)]\\&=r_1r_2[\cos(\theta_1+\theta_2)+\mathrm{j}\sin(\theta_1+\theta_2)].\end{aligned}$$

由上面的公式,可以推广到多个复数相乘,即

$$z_1 z_2 \cdots z_n = r_1 r_2 \cdots r_n [\cos(\theta_1 + \theta_2 + \cdots \theta_n) + \mathrm{j}\sin(\theta_1 + \theta_2 + \cdots + \theta_n)].$$

特别地,$z^n = r^n(\cos n\theta + \mathrm{j}\sin n\theta)$,这就是黎莫佛定理.

(2) 除法运算

两个复数相除,商的模等于两个复数的模的商,商的辐角等于两个复数辐角的差,即

$$\frac{z_1}{z_2} = \frac{r_1(\cos\theta_1 + \mathrm{j}\sin\theta_1)}{r_2(\cos\theta_2 + \mathrm{j}\sin\theta_2)} = \frac{r_1}{r_2}[\cos(\theta_1 - \theta_2) + \mathrm{j}\sin(\theta_1 - \theta_2)].$$

除法的证明与乘法的证明类似,先分子、分母乘以分母的共轭复数,然后再相乘,化简,在这里就不做详细证明.

3. 复数指数形式、极坐标形式的运算

复数的指数形式、极坐标形式的乘、除运算与三角形式的乘除运算类似,都是模相乘、角相加,或者模相除、角相减.

由此可以看出,复数的加减运算,一般采用代数形式比较简单,而对于复数的乘除运算,一般采用三角形式,要比代数形式简单一些,但运算结果一般要用代数形式来表示,在用三角形式表示计算结果的时候,一定要注意把辐角化为主辐角.

例 2 计算 $2\left(\cos\frac{\pi}{3} + \mathrm{j}\sin\frac{\pi}{3}\right) \cdot \sqrt{5}\left[\cos\left(-\frac{\pi}{12}\right) + \mathrm{j}\sin\left(-\frac{\pi}{12}\right)\right]$.

解 原式 $= 2\sqrt{5}\left[\cos\left(\frac{\pi}{3} - \frac{\pi}{12}\right) + \mathrm{j}\sin\left(\frac{\pi}{3} - \frac{\pi}{12}\right)\right]$

$$= 2\sqrt{5}\left(\cos\frac{\pi}{4} + \mathrm{j}\sin\frac{\pi}{4}\right)$$

$$=\sqrt{10}+\sqrt{10}\,\mathrm{j}.$$

例 3 计算$\left(\frac{1}{2}+\frac{\sqrt{3}}{2}\right)^{10}$.

解 因为 $\frac{1}{2}+\frac{\sqrt{3}}{2}=\cos\frac{\pi}{3}+\mathrm{j}\sin\frac{\pi}{3}$,

所以
$$\left(\frac{1}{2}+\frac{\sqrt{3}}{2}\right)^{10}=\left(\cos\frac{\pi}{3}+\mathrm{j}\sin\frac{\pi}{3}\right)^{10}$$
$$=\cos\frac{10\pi}{3}+\mathrm{j}\sin\frac{10\pi}{3}$$
$$=-\frac{1}{2}-\frac{\sqrt{3}}{2}\mathrm{j}.$$

课堂练习

1. 计算下列各式.

(1) $(-1+\mathrm{j})^{10}$; (2) $\left(\frac{2+2\mathrm{j}}{1-\sqrt{3}\mathrm{j}}\right)^{8}$;

(3) $(2+3\mathrm{j})(3+5\mathrm{j})$; (4) $\frac{\mathrm{j}}{2(\cos 30^\circ+\mathrm{j}\sin 30^\circ)}$.

2. 设 $z=\frac{2-\mathrm{j}}{3+4\mathrm{j}}$, 求 $\bar{z}$.

3. 如图所示为电学中经常遇到的 RLC 并联电路,由并联电路的特点可知,总的复数阻抗 z 满足:

$$\frac{1}{z}=\frac{1}{\mathrm{R}}+\frac{1}{\omega \mathrm{L}\mathrm{j}}-\frac{1}{\frac{1}{\omega \mathrm{C}}\mathrm{j}}.$$

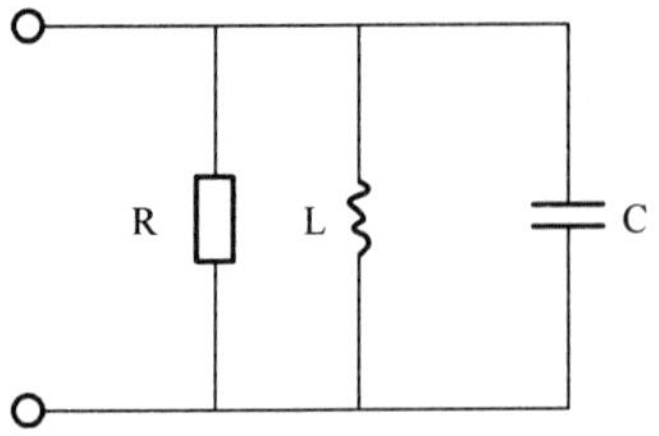

其中,角速度 $\omega = 2\pi f$,求 $\mathrm{R} = 100\ \Omega$, $\mathrm{L} = 0.5\ \mathrm{H}$, $f = 100\ \mathrm{Hz}$, $\mathrm{C} = 50 \times 10^{-6}\mathrm{F}$ 时的复数阻抗 z.

第六章　导数与微分

最早的微积分思想，出现在公元前3世纪，古希腊的阿基米德在研究解决抛物弓形的面积、球和球冠面积、螺线下面积和旋转双曲体的体积的问题中，就隐含着近代积分学的思想. 微积分成为一门学科，是在17世纪，在这一时期有许多科学问题需要解决，这些问题也就成了促使微积分产生的因素.

归结起来，大约有四种主要类型的问题：第一类是研究运动的时候直接出现的，也就是求即时速度的问题；第二类问题是求曲线的切线问题；第三类问题是求函数的最大值和最小值问题；第四类问题是求曲线长、曲线围成的面积、曲面围成的体积、物体的重心、一个体积相当大的物体作用于另一物体上的引力.

17世纪下半叶，在前人工作的基础上，英国科学家牛顿和德国数学家莱布尼茨分别独自研究和完成了微积分的创立工作，虽然这只是十分初步的工作. 他们的最大功绩是把两个貌似毫不相关的问题联系在一起，一是切线问题(微分学的中心问题)，一是求积问题(积分学的中心问题).

本章主要介绍微积分中的极限概念、导数及微分的定义，以拓展我们在学习过程中将一些实际问题化复杂为简单的求解思路.

§6.1 函数极限的概念

一、函数极限的概念

定义 设函数 $y=f(x)$ 在点 x_0 及其近旁有定义，当 x 无限接近于点 x_0 时，对应的函数值也无限接近于某一个常数 A，则称常数 A 为当 x 趋近于 x_0 时函数 $y=f(x)$ 的极限，记作

$$\lim_{x\to x_0}f(x)=A.$$

二、函数极限的求法

1. 当 $x\to x_0$ 时，函数 $y=f(x)$ 的极限

(1) 把 $x=x_0$ 代入函数 $y=f(x)$ 的表达式，函数有意义，且函数值为 $A=f(x_0)$，此时，$\lim\limits_{x\to x_0}f(x)=f(x_0)=A$；

(2) 把 $x=x_0$ 代入函数 $y=f(x)$ 的表达式，函数无意义，此时把分子、分母找出含有使分母为零的公因式，消去公因式后代入所求的函数值即为函数的极限值.

例 1 求下列函数的极限.

(1) $\lim\limits_{x\to 2}\dfrac{x^2+1}{x-3}$； (2) $\lim\limits_{x\to 0}\dfrac{4x^3-2x^2+3x}{3x^2+2x}$.

解 (1) $\lim\limits_{x\to 2}\dfrac{x^2+1}{x-3}=\dfrac{2^2+1}{2-3}=-5.$

(2) $\lim\limits_{x\to 0}\dfrac{4x^3-2x^2+3x}{3x^2+2x}=\lim\limits_{x\to 0}\dfrac{4x^2-2x+3}{3x+2}$

$$=\frac{4\times 0^2-2\times 0+3}{3\times 0+2}$$

$$=\frac{3}{2}.$$

2. 当 $x\to\infty$ 时,函数 $y=f(x)$ 的极限

设函数 $h(x)=\dfrac{f(x)}{g(x)}=\dfrac{a_0x^n+a_1x^{n-1}+\cdots+a_{n-1}x+a_n}{b_0x^m+b_1x^{m-1}+\cdots+b_{m-1}x+b_m}$,

(1) 当 $m>n$ 时, $\lim\limits_{x\to\infty}h(x)=0$;

(2) 当 $m=n$ 时, $\lim\limits_{x\to\infty}h(x)=\dfrac{a_0}{b_0}$;

(3) 当 $m<n$ 时, $\lim\limits_{x\to\infty}h(x)=\infty$.

下面我们给出这一结论的简单证明.

证明 我们都知道,对于函数 $f(x)=\dfrac{1}{x}$,当 $x\to\infty$ 时,函数 $f(x)\to 0$;当 $x\to 0$ 时,函数 $f(x)\to\infty$. 由此,对于函数

$$h(x)=\frac{f(x)}{g(x)}=\frac{a_0x^n+a_1x^{n-1}+\cdots+a_{n-1}x+a_n}{b_0x^m+b_1x^{m-1}+\cdots+b_{m-1}x+b_m}.$$

(1) 当 $m>n$ 时,

$$\lim_{x\to\infty}h(x)=\lim_{x\to\infty}\frac{a_0\dfrac{x^n}{x^m}+a_1\dfrac{x^{n-1}}{x^m}+\cdots+a_{n-1}\dfrac{x}{x^m}+a_n\dfrac{1}{x^m}}{b_0+b_1\dfrac{1}{x}+\cdots+b_{m-1}\dfrac{1}{x^{m-1}}+b_m\dfrac{1}{x^m}}$$

$$=\frac{\lim\limits_{x\to\infty}a_0\dfrac{x^n}{x^m}+\lim\limits_{x\to\infty}a_1\dfrac{x^{n-1}}{x^m}+\cdots+\lim\limits_{x\to\infty}a_{n-1}\dfrac{x}{x^m}+\lim\limits_{x\to\infty}a_n\dfrac{1}{x^m}}{\lim\limits_{x\to\infty}b_0+\lim\limits_{x\to\infty}b_1\dfrac{1}{x}+\cdots+\lim\limits_{x\to\infty}a_{m-1}\dfrac{1}{x^{m-1}}+\lim\limits_{x\to\infty}b_m\dfrac{1}{x^m}}$$

$$=\lim_{x\to\infty}\frac{0}{b_0}=0;$$

(2) 当 $m=n$ 时，

$$\lim_{x\to\infty}h(x)=\lim_{x\to\infty}\frac{a_0+a_1\dfrac{1}{x}+\cdots+a_{n-1}\dfrac{1}{x^{m-1}}+a_n\dfrac{1}{x^m}}{b_0+b_1\dfrac{1}{x}+\cdots+b_{m-1}\dfrac{1}{x^{m-1}}+b_m\dfrac{1}{x^m}}$$

$$=\lim_{x\to\infty}\frac{a_0}{b_0}=\frac{a_0}{b_0};$$

(3) 当 $m<n$ 时，

$$\lim_{x\to\infty}h(x)=\lim_{x\to\infty}\frac{a_0+a_1\dfrac{1}{x}+\cdots+a_{n-1}\dfrac{1}{x^{n-1}}+a_n\dfrac{1}{x^n}}{b_0\dfrac{x^m}{x^n}+b_1\dfrac{x^{m-1}}{x^n}+\cdots+b_{m-1}\dfrac{x}{x^n}+b_m\dfrac{1}{x^n}}$$

$$=\frac{\lim\limits_{x\to\infty}a_0+\lim\limits_{x\to\infty}a_1\dfrac{1}{x}+\cdots+\lim\limits_{x\to\infty}a_{n-1}\dfrac{1}{x^{n-1}}+\lim\limits_{x\to\infty}a_n\dfrac{1}{x^n}}{\lim\limits_{x\to\infty}b_0\dfrac{x^m}{x^n}+\lim\limits_{x\to\infty}b_1\dfrac{x^{m-1}}{x^n}+\cdots+\lim\limits_{x\to\infty}b_{m-1}\dfrac{x}{x^n}+\lim\limits_{x\to\infty}b_m\dfrac{1}{x^n}}$$

$$=\infty.$$

例 2 计算下列极限.

(1) $\lim\limits_{x\to\infty}\dfrac{2x^2}{3x^2+2}$;　　(2) $\lim\limits_{x\to\infty}\dfrac{2x^3-2x+1}{3x^2+2x}$.

解 (1) 先用 x^2 去除分子、分母，然后求极限，得

$$\lim_{x\to\infty}\frac{2x^2}{3x^2+2}=\lim_{x\to\infty}\frac{2}{3+\dfrac{2}{x^2}}=\frac{2}{3}.$$

(2) 当 $x\to\infty$ 时，由函数的极限求法第 2(3)可知.

因本题中 $m<n$，所以

$$\lim_{x\to\infty}\frac{2x^3-2x+1}{3x^2+2x}=\infty.$$

课堂练习

1. 计算下列极限.

(1) $\lim\limits_{x\to 1}\dfrac{x^2-2x+1}{x^2-1}$；　　(2) $\lim\limits_{x\to\sqrt{3}}\dfrac{x^2-3}{x^2-1}$.

2. 计算下列极限.

(1) $\lim\limits_{x\to\infty}\left(3-\dfrac{1}{x}+\dfrac{2}{x^2}\right)$；　　(2) $\lim\limits_{x\to\infty}\left(1+\dfrac{1}{x}\right)\left(2-\dfrac{2}{x^2}\right)$.

§6.2 导数的概念及其运算

一、导数的概念

1. 导数的定义

设函数 $y=f(x)$ 在点 x_0 及其近旁有定义，当自变量 x 在 x_0 处有增量 Δx 时，相应地，函数 $y=f(x)$ 也有相应的增量 $\Delta y=f(x_0+\Delta x)-f(x_0)$；如果 Δy 与 Δx 之比在当 $\Delta x\to 0$ 时的极限存在，则称函数 $y=f(x)$ 在点 x_0 处可导，且这个极限就称为函数 $y=f(x)$ 在点 x_0 处的导数.

2. 导数的记法

函数 $y=f(x)$ 在点 x_0 处的导数，记作 $y'\Big|_{x=x_0}$，即

$$y'\Big|_{x=x_0}=\lim_{x\to x_0}\frac{\Delta y}{\Delta x}=\lim_{x\to x_0}\frac{f(x+\Delta x)-f(x)}{\Delta x},$$

也可以记作 $f'(x_0)$，$\dfrac{\mathrm{d}y}{\mathrm{d}x}\Big|_{x=x_0}$，$\dfrac{\mathrm{d}f(x)}{\mathrm{d}x}\Big|_{x=x_0}$.

3. 求函数导数步骤

根据导数的定义，我们归纳总结出求函数导数的一般步骤.

(1) 求增量：$\Delta y=f(x+\Delta x)-f(x)$；

(2) 求比值：$\dfrac{\Delta y}{\Delta x}=\dfrac{f(x+\Delta x)-f(x)}{\Delta x}$；

(3) 求极限：$\lim\limits_{\Delta x \to 0} \dfrac{\Delta y}{\Delta x} = \lim\limits_{\Delta x \to 0} \dfrac{f(x + \Delta x) - f(x)}{\Delta x}$；

(4) 把点 $x = x_0$ 代入，求出函数 $y = f(x)$ 在点 x_0 处的导数值 $f'(x_0)$.

需要说明的是，求函数 $y = f(x)$ 在点 x_0 处的导数值 $f'(x_0)$，不能先代入再求值，否则，求出的导数值恒为零；若没有要求在某一点处求函数的导数，我们直接运算到第(3)步即可；但是，利用定义求导运算起来比较麻烦，一般不用这种方法求导.

二、基本求导公式

(1) $C' = 0$（C 为任意常数）；

(2) $(x^\mu)' = \mu x^{\mu - 1}$；

(3) $(a^x)' = a^x \ln a$ （$a > 0$ 且 $a \neq 1$），

当 $a = \mathrm{e}$ 时，$(\mathrm{e}^x)' = \mathrm{e}^x$；

(4) $(\log_a x)' = \dfrac{1}{x \ln a}$ （$a > 0$ 且 $a \neq 1$），

当 $a = \mathrm{e}$ 时，$(\ln x)' = \dfrac{1}{x}$；

(5) $(\sin x)' = \cos x$；

(6) $(\cos x)' = -\sin x$；

(7) $(\tan x)' = \dfrac{1}{\cos_1 x}$；

(8) $(\cot x)' = -\dfrac{1}{\sin^2 x}$.

三、导数的运算法则

设 $u=u(x)$, $v=v(x)$ 都可导,则

(1) $(u\pm v)'=u'\pm v'$;

(2) $(Cu)'=Cu'$ (C 为任意常数);

(3) $(uv)'=u'v+uv'$;

(4) $\left(\dfrac{u}{v}\right)'=\dfrac{u'v-uv'}{v_1}$ $(v\neq 0)$.

例 1 利用公式求下列函数的导数.

(1) $y=3x_1+4x-5$;

(2) $y=(3x+2)(x-3)$;

(3) $y=\dfrac{x-1}{x+1}$;

(4) $y=2e^x\sin x$.

解 (1) $y'=(3x^2+4x-5)'$

$$=(3x^2)'+(4x)'-(5)'$$

$$=6x+4.$$

(2) 因为 $y=(3x+2)(x-3)=3x^2-7x-6$,

所以 $y'=(3x^2-7x-6)'$

$$=(3x^2)'-(7x)'-(6)'$$

$$=6x-7.$$

(3) $$y'=\left(\frac{x-1}{x+1}\right)'=\frac{(x-1)'(x+1)-(x-1)(x+1)'}{(x+1)^2}$$

$$=\frac{(x+1)-(x-1)}{(x+1)^2}$$

$$=\frac{2}{x^2+2x+1}.$$

(4) $y' = (2e^x \sin x)' = 2(e^x)'\sin x + 2e^x(\sin x)'$

$= 2e^x \sin x + 2e^x \cos x$

$= 2e^x(\sin x + \cos x).$

四、导数的意义

1. 导数的几何意义

如图所示，设曲线的方程为 $y = f(x)$，$A(x_0, f(x_0))$ 是曲线上的点，过点 A 与曲线相切的切线 l_1 与 x 轴正方向的夹角为 α. 我们无法直接用公式求曲线 $y = f(x)$ 在点 A 的切线 l_1 的斜率 $k_{l_1} = \tan\alpha$. 为此，在点 A 的近旁任取一点 $B(x_0 + \Delta x, f(x_0 + \Delta x))$，连接 AB，设 AB 所在的直线 l_2 倾斜角为 β，则 $k_{l_2} = \tan\beta = \frac{\Delta y}{\Delta x}$. 当点 B 沿曲线 $y = f(x)$ 逐渐靠近点 A 时，直线 l_2 也逐渐接近于 l_1，它们的斜率也逐渐接近，并且，Δx 越小接近程度就越高，当 $\Delta x \to 0$ 时，直线 l_2 的斜率 k_{l_2} 也逐渐接近于 l_1 的斜率 k_{l_1}，于是

$$k_{l_1} = \lim_{B \to A} k_{l_2} = \lim_{\Delta x \to 0} \frac{\Delta y}{\Delta x} = \lim_{\Delta x \to 0} \frac{f(x_0 + \Delta x) - f(x_0)}{\Delta x}.$$

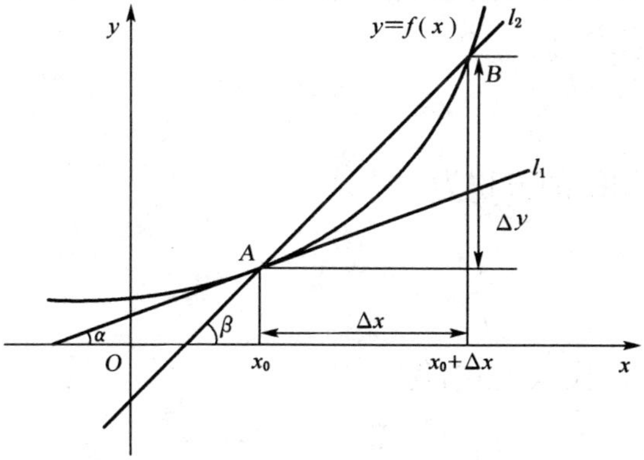

因此，导数的几何意义，就是函数 $y=f(x)$ 在点 $A(x_0, f(x_0))$ 处切线的斜率，即 $k_{l1}=f'(x_0)$.

2. 导数的物理意义

设一做变速直线运动的物体运动方程为 $s=s(t)$，那么怎样求它在 $t=t_0$ 时刻的瞬时速度呢？

可以这样理解，当时间 t 由 t_0 变化到 $t_0+\Delta t$ 时，物体在 Δt 这段时间内经过的路程为 $\Delta s=s(t_0+\Delta t)-s(t_0)$，那么它的平均速度为

$$\bar{v}=\frac{\Delta s}{\Delta t}=\frac{s(t_0+\Delta t)-s(t_0)}{\Delta t}.$$

当 $\Delta t\to 0$ 时，上式的极限就是运动物体在 t_0 时刻的瞬时速度，即

$$v(t_0)=\lim_{\Delta x\to 0}\frac{\Delta s}{\Delta t}=\lim_{\Delta x\to 0}\frac{s(t_0+\Delta t)-s(t_0)}{\Delta t}.$$

由此可以得出，导数的物理意义就是求变速直线运动物体在某时刻的瞬时速度，即 $v(t)=s'(t)$.

例 2　求曲线 $y=\sqrt{2}\sin x$ 在点 $A\left(\frac{\pi}{4}, 1\right)$处的切线方程.

解　由导数的几何意义知，曲线在点 A 处的切线斜率为

$$k=y'\Big|_{x=\frac{\pi}{4}}=\sqrt{2}\cos x\Big|_{x=\frac{\pi}{4}}=1.$$

设所求切线的方程为

$$y=x+b,$$

将点 $A\left(\frac{\pi}{4}, 1\right)$代入上式，得

$$b = 1 - \frac{\pi}{4},$$

所以曲线的切线方程为

$$y = x + 1 - \frac{\pi}{4}.$$

课堂练习

1. 求下列函数的导数.

(1) $y = 2x^2 + \cos x - 2^x$；　　(2) $y = x_1 \ln x$；

(3) $y = \dfrac{x-1}{x_1}$；　　(4) $y = \dfrac{1-\sin x}{1+\sin x}$.

2. 求曲线 $y = \mathrm{e}_1$ 在点 $x = 1$ 处切线方程.

3. 一物体的运动方程为 $s = 2t_1 + 3$，求物体在 $t = 3\,\mathrm{s}$ 时的瞬时速度.

§6.3 微分的定义及应用

一、微分的概念

定义 设函数 $y=f(x)$ 在点 x 处有导数 $f'(x)$，则称 $f'(x)\Delta x$ 为函数 $y=f(x)$ 在点 x 的微分，记作 $\mathrm{d}y$，即

$$\mathrm{d}y=f'(x)\Delta x.$$

简单地说，函数的微分等于函数的导数与自变量增量的乘积.

需要说明的是，在通常情况下，我们把自变量 x 的增量 Δx 称为自变量的微分，记作 $\mathrm{d}x$，于是函数 $y=f(x)$ 的微分又可以记作

$$\mathrm{d}y=f'(x)\mathrm{d}x,$$

从而有

$$\frac{\mathrm{d}y}{\mathrm{d}x}=f'(x)\mathrm{d}x.$$

也就是说，函数的微分 $\mathrm{d}y$ 与自变量的微分 $\mathrm{d}x$ 之商等于该函数的导数，因此导数有时候也叫做"微商".

例 1 求下列函数的微分.

(1) $y=x^3+\sin x$；　　(2) $y=\dfrac{2}{x}+\dfrac{x}{2}$.

解 (1) 因为 $y'=(x^3+\sin x)'=3x_1+\cos x$，

所以 $\mathrm{d}y=(3x_1+\cos x)\mathrm{d}x$.

(2) 因为 $y' = \left(\frac{2}{x} + \frac{x}{2}\right)' = - 2x^{-2} + \frac{1}{2}$,

所以 $dy = \left(\frac{1}{2} - \frac{2}{x_1}\right)dx$.

二、微分的应用

设函数 $y=f(x)$,当自变量有很小的增量 Δx 时,对应函数的增量为

$$\Delta y = f(x + \Delta x) - f(x),$$

由函数导数的定义可知

$$f'(x) = \lim_{x \to x_0} \frac{\Delta y}{\Delta x},$$

也就是说,$\Delta y \approx dy = f'(x)$. 可以利用微分的定义计算函数增量的近似值.

例 2 水管的横截面积是一个圆环,设它的长为 100 cm,内半径为 20 cm,壁厚 0.2 cm,试计算这个水管体积的近似值.

解 设水管的体积为 V,圆环的半径为 r,则 $V = \pi r_1 h$,故

$$\Delta V \approx dV = 2\pi rh \cdot \Delta r.$$

因为 $r = 20$ cm,$\Delta r = 0.2$ cm,所以

$$\Delta V \approx 2\,512\ (cm^3).$$

即这根水管的体积大约为 2 512 cm^3.

课堂练习

1. 求下列函数的微分.

(1) $y = x^3 + \ln x$; (2) $y = x\cos x$;

(3) $y = \dfrac{\ln x}{x}$; (4) $y = x^2 \sin x$.

2. 国际通用篮球外直径为 24.6 cm,厚度为 2 mm,试求球壳体积的近似值.